Parma Wenge

yakamoz yayınları

ISBN: 978-9944-204-62-0
Yemek Kitabı
99. Baskı: Ocak 2008

Sanat Yönetmeni
Faruk Derince

Editör
Ender Haluk Derince
Emine Usta D.

Fotoğraflar
Necdet Kösedağ (necdet@nkgallery.com)

Fotoğraf Asistanı
Bora Arkan

Baskı
Melisa Matbaacılık
Çifte Havuzlar Yolu
Acar Sitesi No: 4 Davutpaşa/İST.

İnternet Alışveriş
www.hepsiburada.com.tr • www.ideefixe.com.tr • www.kitapyurdu.com.tr

Yakamoz Yayıncılık
Gürsel Mah. Alaybey Sk. No:7/1 Kağıthane/İst.
Tel: 0212 222 72 25 Faks: 0212 222 72 35
E-posta: info@yakamoz.com.tr

İçindekiler

Çorbalar

Kereviz Çorbası (Meyaneli)

• 1 Adet büyük boy kereviz (kerevizin yeşil yaprakları da kullanılacak)
• 1 Adet kuru soğan • 2 Diş sarımsak • 2 Çorba kaşığı un • Çiçek yağı • Su • Tuz

YAPILIŞI

Kerevizleri soyuyoruz, sonra küp küp doğruyoruz. Diğer tarafta kuru soğanı ve sarımsağı doğruyoruz. Doğrama işlemleri bitince tenceremizin içerisine bir miktar çiçek yağı koyuyoruz. Çiçek yağına soğanı ve sarımsağı alıyoruz. 1-2 dakika kavuruyoruz. Daha sonra üzerine kerevizleri ilave ediyoruz. Yaklaşık 5 dakika orta hararetli ateşte kavuruyoruz. Harcın üzerine unu ilave ediyoruz, kavuruyoruz. Bu işlemde 3-4 dakika devam ediyor. Bu sırada soğuk su ilave ediyoruz. Sıcak suyla kıvamını ayarlıyoruz. Kaynama başlayınca kıvamını kontrol ediyoruz, tuzunu ilave ediyoruz. Pişince çorbamızı servise hazırlıyoruz. Üzerine ince doğranmış kereviz yapraklarını serpiyoruz.

Sebze Çorbası

- 1 Adet havuç küçük boy
- 1 Adet kabak küçük boy
- 1 Adet patates küçük boy
- 1 Kahve fincanı bezelye
- 1 Adet kuru soğan
- 2 Çorba kaşığı un
- Yeteri kadar su

YAPILIŞI

Tenceremize bir miktar çiçek yağı koyuyoruz. Küp doğranmış soğanları kısık ateşte kavuruyoruz. Küp küp doğranmış havucu soğanın üzerine ilave ediyoruz. Havucun peşinden küp küp doğranmış patatesi ilave ediyoruz. Ardından bezelye tanelerini ilave ediyoruz. Bütün sebzeleri yarı pişmiş kıvama gelinceye kadar kavuruyoruz. Sonra unumuzu ilave ediyoruz. Bu işlem tamamlandıktan sonra üzerine soğuk su (1 bardak soğuk sütte kullanılabilir) ilave ediyoruz. Tuz ilave ediyoruz. Biraz kaynayınca sıcak suyla çorbanın kıvamını ayarlıyoruz. Sebzeler pişince çorbamız servise hazır hale geliyor. Çorbamızın içine mevsime göre taze fasulye, pırasa, kereviz, ıspanak yaprağı ya da kökü ilave edebiliriz. Üzerine ince doğranmış maydanoz veya dere otu serpiyoruz.

Soğuk Ayran Aşı Çorbası

• 1 Çorba kasesi haşlanmış • Buğday • 2 Çorba kasesi yoğurt
• 1 Tutam dere otu • Yeteri kadar su • Tuz

YAPILIŞI

Bir gece önce buğdayları ıslatıyoruz. Buğdaylar yıkandıktan sonra üzerine bolca su koyuyoruz ve haşlıyoruz. Buğdayları normalden biraz fazla haşlıyoruz. Buğdaylar haşlanırken suyunda koyulaşma meydana gelecek. Ayrı bir kap içerisinde yoğurdu ayran kıvamına getiriyoruz. Yalnız sulu bir ayran haline getirmiyoruz yoğurdun kıvamını açıyoruz (yumuşak ve akıcı). Yoğurdu ayarladıktan sonra ocağımızın altını kapatıyoruz. Yoğurt harcını tenceremize yavaş yavaş döküyoruz. Daha sonra tekrar ocağa koyuyoruz. Kaynamadan ocaktan indirip, tuzunu ilave ediyoruz. Eğer koyuysa ılık suyla çorbamızı açabiliriz. Üzerine ince doğranmış dere otu serpiyoruz ve buzdolabına koyuyoruz. Soğuk servis ediyoruz.

Ispanak Çorbası (4 kişilik)

• 250 gr Ispanak yaprağı • 2 Çorba kaşığı un • 1 Su bardağı süt
• Yeteri kadar su • Tuz • Çiçek yağı

ÜZERİNE: Baharatlı kıtır ekmek, pul biber, kekik, sarımsak.

YAPILIŞI

Ispanak yapraklarını yıkadıktan sonra kaynamış olan suyun içerisine batırıp çıkartıyoruz. Burada yapılmak istenen ıspanakların yumuşamasını sağlamaktır. Bu nedenle uzun süre sıcak suda tutulmaz. Ispanakları soğuk suya alıyoruz. Soğuk sudan süzüp parçalıyıcının içine alıyoruz püre haline getiriyoruz. Tencerenin içerisine az miktarda çiçek yağı koyuyoruz. Çiçek yağının üzerine un ilave ediyoruz ve birlikte kavuruyoruz. Ancak unun yanmaması gerekir, çiğ kokusu çıkana kadar kavurduktan sonra üzerine soğuk süt ve soğuk su ilave edip kaynamaya bırakıyoruz. Kaynayınca ıspanak yapraklarını bu harcın içine döküyoruz. Bir taşım kaynadıktan sonra ihtiyacı kadar su ve tuz ilave ediyoruz. Altını kapatıyoruz. Çorbamızın üzerine baharatlarla karıştırılmış kıtır ekmek ya da tereyağında kızartılmış pul biber koyuyoruz.

Sütlü Havuç Çorbası (6 kişilik)

• 2 Adet havuç • 2 Çorba kaşığı un • 1 Su bardağı soğuk süt
• Su • Tuz • Çiçekyağı • 1 Tutam dere otu

YAPILIŞI

Tencereye çiçek yağı koyuyoruz. Kabukları soyulmuş ve rendelenmiş havuçları tencereye alıyoruz. Bir süre orta hararetli ateşte kavuruyoruz. Üzerine un ilave ediyoruz. Un ve havucu birlikte kavuruyoruz. Tahta kaşık yardımıyla karıştırıyoruz. Üzerine soğuk süt ve soğuk su döküyoruz. Çırpma teliyle çorbamızın kıvamını açıyoruz. Suyunu ve havuçları kontrol ediyoruz. Tuzunu ilave ediyoruz. Üzerine ince doğranmış dere otu serpiyoruz.

NOT: Servise yakın bir zamanda çorbamıza dere otu serpiyoruz.

Zencefilli Patlıcan Çorbası (4 kişilik)

• 2 Orta boy patlıcan • 1 Orta boy kuru soğan • 2 Çorba kaşığı un • 1 Tatlı kaşığı zencefil • Yeteri kadar su • Tuz

YAPILIŞI

Tencereye yeteri kadar çiçek yağı koyuyoruz. İçerisine soğanı ilave ediyoruz, kavuruyoruz. Diğer taraftan patlıcanları soyup küp küp doğruyoruz. Soğan ve patlıcanı bir süre kavuruyoruz. Patlıcanlar yumuşamaya başlayınca üzerine unu ilave ediyoruz. Bunları 3-4 dakika orta ateşte kavuruyoruz. Üzerine soğuk su ilave edip ara sıra karıştırıyoruz (kıvamını sıcak suyla ayarlayabiliriz). Patlıcanlar pişene kadar bu işlemi devam ettiriyoruz. Zencefilleri ve tuzu ilave ediyoruz. Patlıcanlar pişince çorbamız servise hazır hale geliyor. Üzerine istenilirse baharatlı kıtır ekmek ya da taze otlar serpiyoruz.

Kırmızı Mercimekli Sebze Çorbası (6 kişilik)

• 1 Çay bardağı kırmızı mercimek • 1 Adet kuru soğan • 1 Adet küçük havuç • 1 Adet küçük kabak • 1 Adet küçük patates • 1 Çorba kaşığı salça • 1 Çorba kaşığı un • 1 Tutam maydanoz • Çiçek yağı • Tuz • Su

YAPILIŞI

Tenceremize yeteri kadar çiçek yağı koyuyoruz. İnce doğranmış soğanı ilave edip kavuruyoruz. Önce havucu ilave ediyoruz, biraz kavrulunca kabak ve patatesi ilave ediyoruz. Hemen devamında yıkanmış kırmızı mercimekleri koyup 5 dakika kavuruyoruz. Sonra çorbamızın üzerine un ilave ediyoruz. 2-3 dakika unla kavuruyoruz. Mevsime göre salça ya da domates ilave edip üzerine yeterince soğuk su döküyoruz (sıcak suyla kıvamını ayarlayabiliriz). Tuzunu ilave ediyoruz. Üzerine maydanoz serpiyoruz.

Toygo Çorbası (8 kişilik)

• 1 çay bardağı haşlanmış nohut • 1 Çay bardağı buğday • 1 Çorba kasesi yoğurt • 1 Çorba kaşığı tepeleme un • Varsa et suyu yoksa normal su

YAPILIŞI

Önce buğdayları yıkıyoruz. Varsa içerisine kemik koyarak haşlıyoruz. Buğdaylar haşlandıktan sonra diğer tarafta haşlanmış olan nohutla buluşturuyoruz. Nohut ve buğdayı bir süre daha kaynatıyoruz.

Terbiyesi için: Bir kasenin içerisine yoğurt ve unu koyuyoruz. Üzerine bir miktar soğuk su koyuyoruz. Kıvamı açılan harcı çırpma teliyle sürekli karıştırıyoruz. Kıvamı açılan harcımıza nohut ve buğdayın kaynamış olan suyundan ilave ediyoruz. Buradaki amaç terbiyenin kesilmesini önlemektir. Kaynamakta olan nohut ve buğdayın üzerine bu harcı yavaş yavaş döküyoruz. Terbiyenin önce yarısını diğer yarısını da kıvamını ayarlamak için döküyoruz. İstediğimiz kıvama gelince tuzunu ilave ediyoruz. Kemik yoksa yerine et suyu tercih ediyoruz. Tavada tereyağını kızartıyoruz, üzerine kuru nane ilave ediyoruz. Naneleri yakmamaya dikkat edip, bu harcı çorbamıza döküyoruz ve karıştırıyoruz. Böylece çorbamız servise hazır hale geliyor.

Kremalı Badem Çorbası (4 kişilik)

• 2 Çorba kaşığı un • 3 Çorba kaşığı toz badem
• 1 Su bardağı krema veya süt • 4 Su bardağı su • 3 Çorba kaşığı çiçek yağı
• Tuz • Toz kırmızı biber

YAPILIŞI

Tenceremize yeteri kadar çiçek yağı koyup, unu ve kavrulmamış toz bademi ilave ediyoruz. Kavrulmuş güzel un ve badem kokusu gelene kadar kısık ateşte çırpma teliye sürekli karıştırarak, birlikte kavuruyoruz. Üzerine soğuk su ilave ediyoruz, su ilave ettikten hemen sonra krema veya sütümüzü koyuyoruz. Çorbanın suyunu kontrol edip, suyunu tamamladıktan sonra, (Et veya tavuk suyu da olabilir) tuzunu koyup bir taşım kaynatıyoruz. Servis kaselerine alıyoruz. Üzerine tereyağında kızarmış toz kırmızı biber döküyoruz. Bademleri fırında veya yağda kızartarak çorbanın üzerine koyabiliriz.

NOT: Zeytinyağıyla fesleğeni püre haline getirip, çorbamızın üzerine dökebiliriz.

Mantar Çorbası (6 kişilik)

• 1 Çorba kasesi taze mantar • 2 Çorba kaşığı un • 1 Adet domates
• Yeteri kadar su • Tuz • Çiçekyağı • 1 Tutam dere otu

YAPILIŞI

Tencereye çiçek yağını koyuyoruz. Unumuzu ilave edip, kısık ateşte çırpma teliyle sürekli karıştırarak, kavrulmuş un kokusu gelene kadar karıştırıyoruz. Sonra 2 su bardağı soğuk su koyup, karıştırmaya devam ediyoruz. Çorbamızın kıvamını sıcak suyla ayarlıyoruz. Kısık ateşte kaynarken diğer tarafta mantarları ince ince doğrayıp, az yağda soteliyoruz. Üzerine ince doğranmış domatesi ve dere otunu koyup, biraz daha soteliyoruz. Kaynamakta olan çorbamızın içine harcımızı ve tuzunu ilave edip 1-2 dakika daha kaynatıyoruz. Çorbamız servise hazır hale geliyor.

Düğün Çorbası (4 kişilik)

• 1 Adet kuzu gerdanı • 2 Çorba kaşığı un • 1 Çorba kasesi yoğurt • Yarım limon suyu • 1 Adet domates • 1 Tutam dere otu • Yeteri kadar su • Tuz

YAPILIŞI

Kuzu gerdanını yaklaşık yarım saat soğuk suda bekletiyoruz ve çok iyi yıkıyoruz. Üzerine su ilave edip pişiriyoruz. Etler tam kıvamına geldikten sonra tencereden alıyoruz. Etleri bıçak yardımıyla küçük parçalar haline getiriyoruz. Etleri tekrar aynı tencereye koyuyoruz ve kaynatıyoruz. Terbiye için; yoğurdu, unu ve limon suyunu yarım su bardağı suyla birlikte karıştırıyoruz. Kaynamakta olan çorbamızın suyundan bir miktar terbiyeye alıyoruz ve ılıtıyoruz. Ocağı yüksek ateşe getiriyoruz harlı kaynatıyoruz. Harlı kaynarken terbiyeyi çorbamıza yavaş yavaş ilave ediyoruz. Yalnız terbiyenin hepsini ilave etmiyoruz. Bir taşım kaynatıyoruz. Eğer kıvamı tutmamışsa biraz daha koyup kıvamını ayarlıyoruz. Tuzunu ilave ediyoruz. Tavaya tereyağı ya da çiçek yağı koyuyoruz içerisine kabuğu soyulmuş küp küp doğranmış domatesleri ilave edip soteliyoruz ve altını kapatıyoruz. İnce doğranmış dere otu serpip servis ediyoruz.

Taneli Mısır Çorbası (6 kişilik)

• 1 Çorba kasesi tane süt mısır • 1 Adet orta boy kuru soğan • 2 Çorba kaşığı un • 1 Adet kırmızı biber • 1 Tutam maydanoz • Yeteri kadar su (tavuk suyu veya et suyu) • Tuz

YAPILIŞI

Tencereye çiçek yağı koyuyoruz. İnce doğranmış soğanları ilave ederek kavuruyoruz. Üzerine mısır tanelerini ve küp küp doğranmış kırmızı biberi ilave ediyoruz. 4-5 dakika orta hararetli ateşte kavuruyoruz. Unu ilave ediyoruz, 3-4 dakika daha kavuruyoruz. Üzerine soğuk su ilave ediyoruz. Çorbamızı kaynamaya bırakıyoruz. Çorbamızın içerisindeki biber taneleri piştiğinde çorbamız hazır hale geliyor. Kıvamını kontrol ediyoruz, tuz ilave ediyoruz. Servis kaselerine alınca üzerine ince doğranmış maydanoz serpiyoruz.

Sultan Mahmut Çorbası (6 kişilik)

- 1 Çay bardağı kırmızı mercimek
- 1 Adet orta boy kuru soğan
- 2 çoba kaşığı tereyağı
- 1 Adet küçük boy havuç
- 1 Adet küçük boy kabak
- 1 Adet küçük boy patates
- 1 Adet küçük boy kereviz
- 1 Tatlı kaşığı salça

Kırmızı mercimekleri yıkayıp süzüyoruz. Diğer tarafta tencereye yağ koyup ince doğranmış soğanları ve mercimekleri bir iki dakika kavuruyoruz. Diğer tarafta havuçları küp küp doğruyoruz. Tencereye ilave ediyoruz. Bunlarında üzerine küp küp doğranmış patates, kabak, kereviz ilave ediyoruz. Hepsini birlikte 4 dakika kavurup salça, koyuyoruz. Sıcak su koyup, sebzeler pişene kadar kaynatıyoruz. Tuzunu ve suyunu kontrol ediyoruz. Kerevizin yeşil yapraklarını ince doğrayıp üzerine serpiyoruz.

Brokoli Çorbası (4 kişilik)

• 1 Kase taze brokoli • 2 Çorba kaşığı un • 1 Çay bardağı süt • Yeteri kadar su • Tuz

YAPILIŞI

Brokolileri yıkayıp ince ince doğruyoruz. Çorbamıza yetecek kadar kaynar su koyup brokolileri 1 dakika haşlıyoruz.
İkinci aşamada tencerenin içine çiçek yağı koyuyoruz. Çiçek yağı üzerine unu ilave edip kavuruyoruz. Unun çiğ kokusu çıkınca 2-3 su bardağı soğuk su ve soğuk süt ilave edip çırpma teliyle karıştırıyoruz. Hemen brokolileri suyuyla birlikte üzerine döküyoruz. Koyu kıvamda olmuşsa biraz suyla kıvamını ayarlıyoruz. Tuzunu ilave ediyoruz.
Çorbamızı 3-4 dakika daha kaynatıyoruz. Bu çorbayı servis edileceği anda pişirmeye dikkat ediyoruz.

NOT: Servise yakın bir zamanda çorbamızı pişiriyoruz. Beklediğinde brokolilerin canlılığı kayboluyor.

Dört Mevsim Çorbası (8 kişilik)

• 100 gr Kıyma • Yarım soğan rendesi • Tuz • Karabiber • Un • Su • 1 Çay bardağı buğday • 1 Çay bardağı nohut • 1 Adet havuç • Tuz • 1adet kabak • 1 Kase süzme yoğurt • 1 Çorba kaşığı tepeleme un

YAPILIŞI

Önce köfteleri hazırlıyoruz. Kıyma, soğan rendesi, tuz ve karabiberi yoğuruyoruz. Olabildiğince küçük parçalar koparıp yuvarlıyoruz. Yuvarlanan köfteleri bir tabağa alıyoruz ve üzerine un serpiyoruz. Tabağı sallıyoruz ve köftelerin her tarafının unlanmasını sağlıyoruz. Tavanın içine az miktarda çiçek yağı koyuyoruz. Yağ ısınınca köfteleri alıyoruz, kızartıyoruz.
İkinci aşamada buğdayları yıkıyoruz. Üzerine bolca su koyuyoruz ve kaynatıyoruz. Buğdaylar yarı pişmiş kıvama gelince önce küp küp doğranmış havucu ilave ediyoruz.
5 dakika kaynatıyoruz. Ardından haşlanmış nohut ilave ediyoruz. Küp doğranmış kabakları da dahil ediyoruz.
Kısık ateşte hepsini kaynatıyoruz.
Terbiyesi için: Süzme yoğurdu, unu ve suyu karıştırıyoruz akıcı bir kıvama getiriyoruz. Kaynamakta olan harca köfteleri bırakıyoruz. Ilıttığımız terbiyeyi, çorbaya yavaş yavaş ilave ediyoruz, tuzunu koyup kaynatıyoruz.
İstenilirse üzerine ince doğranmış dere otu ya da kereviz yaprağı koyabiliriz.

Bolu usulü Patates çorbası (6 kişilik)

• 2 Adet orta boy patates • 1 Adet orta boy kuru soğan • 2 Diş sarımsak • 1 Kase yoğurt (varsa süzme yoğurt) • 2 Çorba kaşığı un

YAPILIŞI

Patateslerin kabuklarını soyuyoruz ve küp küp doğrayıp yıkıyoruz. Tencerenin içine çiçek yağı koyuyoruz. Üzerine küp küp doğranmış soğanı ve ince doğranmış sarımsağı orta hararetli ateşte 3-4 dakika çeviriyoruz. Üzerine patatesleri alıyoruz. Bir süre kavuruyoruz. Üzerine sıcak su ilave edip patateslerin pişmesini sağlıyoruz. **Terbiye için;** yoğurt, un, bir miktar su ilave ederek çırpma teliyle karıştırıp harcı akıcı hale getiriyoruz. Pişen çorbanın suyundan terbiyeye bir miktar koyuyoruz ve yavaş yavaş kaynamakta olan çorbamızın içine döküyoruz. Yeterince ilave edince kıvamını kontrol ediyoruz. Tuzunu ilave ediyoruz. Pişince servis kaselerine koyuyoruz, Tereyağında kızarmış toz kırmızı biberi üzerine döküyoruz.

ZEYTin

yağlılar

Zeytinyağlı Kereviz (4 kişilik)

• 2 Adet orta boy kereviz • 8 Adet arpacık soğan • 1 Adet havuç • 1 Adet patates • 1 Tatlı kaşığı un • İsteğe bağlı bezelye • Tuz • 2 Adet küp şeker • Yeteri kadar su • Çiçek yağı • 1 Tutam dereotu

YAPILIŞI

Orta boy kerevizleri ortadan ikiye bölüp soyuyoruz. İç kısımlarını biraz çukurlaştırıyoruz. Kerevizlerin kararmaması için unlu ve limonlu suyun içerisine alıyoruz. Diğer tarafta havucu küp küp doğruyoruz. Patatesin kabuklarını soyup istenilen büyüklükte doğruyoruz. Arpacık soğanlarının kabuklarını soyuyoruz. Kerevizleri karışımın içinden alıp yıkıyoruz. Tencereye önce kerevizleri yerleştiriyoruz. Onun üzerine havuç, arpacık soğanı ve patatesi ilave ediyoruz. Bir tatlı kaşığı unla birlikte unlu su karışımı hazırlıyoruz. Bu karışımı kerevizin üzerine döküyoruz. Suyun kerevizleri geçmesi şartıyla, daha sonra çiçek yağı veya zeytinyağı ilave ediyoruz. Küp şeker ve tuz ilave ediyoruz. Bu aşamada istenilirse bezelye kullanıyoruz. Üzerine yağ
kapatıyoruz.
tabağına alı
ve maydanc

Zeytinyağlı Semizotu

• 1 Bağ semiz otu • 1 Adet kuru soğan
• 1 Adet havuç • 2 Adet büyük boy domates
• 1 Çorba kaşığı pirinç • 2 Diş sarımsak
• 3 Çorba kaşığı çiçek yağı • Tuz

YAPILIŞI

Önce semizotunu yıkıyoruz. Yarım parmak kalınlığında doğruyoruz. Kuru soğanı ve sarımsağı küçük parçalar halinde doğruyoruz. Tencerenin içine yeterince zeytinyağı veya çiçek yağı koyuyoruz, üzerine soğan ve sarımsağı ilave ediyoruz. Kavrulmaya başladığı anda jülyen doğranmış havuçları ilave ediyoruz. 4 dakika kavuruyoruz. Kavrulunca üzerine semizotunu ilave ediyoruz ve bir süre semizotuyla birlikte kavuruyoruz. Diğer tarafta domatesin kabuklarını soyuyoruz küp küp doğruyoruz tenceremize ilave ediyoruz. Tuz ve pirinç tanelerini de ilave edip tenceremizin kapağını kapatıyoruz. Su kullanmadan kendi öz suyuyla pişiriyoruz. Kısık ateşte yaklaşık 10 dakika pişiriyoruz (Buharın kaçmaması için kapağın iyi kapanmış olması gerekir). Pirinçleri kontrol ediyoruz. Pirinçler pişince yemeğimiz servise hazır hale geliyor.

Zeytinyağlı Kabak (4 kişilik)

• 2 Adet orta boy kabak • 1 Adet havuç • 1 Adet kırmızı biber (Mevsimine göre) • 4 Adet domates • 1 Adet kuru soğan • 3 Diş sarımsak • 1 Tutam dereotu • 2 Tane küp şeker • Yarım çay bardağı su • Zeytinyağı • Tuz

YAPILIŞI

Orta boy kabakların üzerini bir çatal yardımı ile çiziyoruz. Kabakların içini oyup, halka halka doğruyoruz. Tenceremizin içine zeytinyağı veya çiçek yağı koyup soğan ve sarımsağı ilave edip, kavuruyoruz. Daha sonra havucu ilave ediyoruz. Üzerine kabakları ilave ediyoruz. Bir süre daha kavuruyoruz, kabukları soyulmuş domatesleri serpiştirip karıştırıyoruz. Tuzunu, şekerini ilave ediyoruz. Az miktarda su ile pişiriyoruz. Soğuduktan sonra üzerine dereotu serpip servis ediyoruz.

Zeytinyağlı Pırasa Dolması

- 3 Adet pırasa • 2 Adet kuru soğan • 4 Çorba kaşığı pirinç
- 1 Çorba kaşığı biber salçası • 1 Tutam maydanoz
- 1 Tutam dereotu • 1 Tutam taze nane (kuru nane)
- Tuz • karabiber • 1 Miktar fesleğen • Fındık yağı • Yeteri kadar su

YAPILIŞI

Pırasaların kalın olmasına dikkat ediyoruz. Pırasaları bir karış boyunda kesiyoruz. Bıçağı yarıya kadar batırıp uzunlamasına yarıyoruz. Pırasaların orta göbek kısmını alıyoruz. Tencerenin içine su koyuyoruz ve kaynamaya bırakıyoruz. Pırasaları bir dakika haşlıyoruz, sonra süzüyoruz.

İç harcı: Kuru soğanı ince ince doğruyoruz. Pirinci ilave ediyoruz. Üzerine biber salçası, dereotu, maydanoz, taze nane, fesleğen, karabiber, tuz koyuyoruz ve karıştırıyoruz. Pırasanın uç kısmına bir tatlı kaşığı ya da çorba kaşığı koyup muska şeklinde sarıyoruz. Tencerenin alt kısmına havuç doğruyoruz, yeşilliklerin saplarını yayıyoruz. Bitiş noktası alta gelecek şekilde diziyoruz. Tuz, şeker ilave ediyoruz. Pırasalarımızın üzerine tabak kapatıyoruz. Kapağı kapattıktan sonra suyu ilave ediyoruz. İç harç çiğ olduğu için suyu biraz fazla ilave ediyoruz. Kısık ateşte pişiriyoruz. Piştikten sonra soğumaya bırakıyoruz. Soğuyan dolmamızı servis tabağına alıyoruz. Limon, dereotu, maydanoz ve taze naneyle süsleyerek servis yapıyoruz.

Zeytinyağlı Közlenmiş İmambayıldı (4 kişilik)

• 3 Adet orta boy patlıcan • 2 Adet orta boy kuru soğan • 4 Diş sarımsak • 2 Adet yeşil biber • 1 Tatlı kaşığı domates salçası • 1 Adet domates • Tuz • Şeker • Çiçek yağı • Az su

YAPILIŞI

Patlıcanları dış kabukları yumuşayıp kolay soyulabilecek hale gelinceye kadar közlüyoruz. Kabuklarını soyuyoruz. Enine ortadan ikiye bölüp, fırın kabına alıyoruz. Bıçak yardımı ile karın kısımlarını açıp kaşık yardımı ile genişletip içerisine soğanlı harcı dolduruyoruz. İkinci aşamada soğanları piyaz olarak doğruyoruz. Tencereye çiçek yağı koyup soğan ve sarımsağı kavuruyoruz. Üzerine çekirdekleri alınmış ortadan ikiye bölünmüş yeşil biberleri ilave ediyoruz. Bir süre kavuruyoruz. İçerisine domates ve salça ilave edip su koyuyoruz. Tuzu ve şekeri de ilave edip kapağını kapatıp pişiriyoruz. Tel süzgecin içine alıp süzüyoruz yalnız süzgecin altına bir kap koyuyoruz. Süzülen sosu daha sonra kullanıyoruz. Üzerine ince doğranmış maydanoz koyup karıştırıyoruz. Diğer tarafta patlıcanların içine biraz tuz ve şeker serpiyoruz. Harcımızı patlıcanların içine dolduruyoruz. Bunların üzerine domates dilimi, yeşil biber istenilirse sarı veya kırmızı biberler koyuyoruz. Daha sonra önceden ayırdığımız sosu patlıcanların üzerine döküyoruz. 170 derecelik fırında domates ve biberler kızarmaya başlayınca fırından alıyoruz. Soğumaya bırakıyoruz, servis tabağına alıp üzerine sosundan ilave ediyoruz.

NOT: İstenirse bu iç harctan lahana, yaprak, soğan dolması yapılır.

Zeytinyağlı Yer elması (4 kişilik)

• 12 Adet yer elması (orta boy) • 1 Adet havuç • 1 Adet kuru soğan • 2 Adet portakal suyu • Yeteri kadar çiçek yağı • 2 Adet küp şeker • 1 Tutam maydanoz • Tuz

YAPILIŞI

Önce yer elmalarının kabuklarını soyuyoruz, yıkayıp bir tabak içerisine alıyoruz. Diğer tarafta havucu soyup küp küp doğruyoruz. Kuru soğanı soyup bütün olarak bırakıyoruz. Tencereye yeteri kadar zeytinyağı veya çiçek yağı koyuyoruz. Soğan ve havucu birlikte kavuruyoruz. Daha sonra yer elmalarını ilave ediyoruz. Üzerine portakal suyu, tuzu, şekeri ilave ediyoruz. Kapağını kapatıyoruz. Özellikle yemeğimize su yerine portakal suyu ilave ediyoruz. Kısık ateşte pişiriyoruz. Pişince soğumaya bırakıyoruz. Yemeğimiz soğuyunca yeşilliklerle kaplı servis tabağına alıyoruz. Üzerine ince doğranmış maydanoz serpip servis ediyoruz.

Zeytinyağlı Bakla (4 kişilik)

• 500 gr Taze bakla • 1 Adet kuru soğan • 5 Adet taze soğan • 1 Tutam dereotu • 1 Tatlı kaşığı un • Yeteri kadar su • Zeytinyağı • Tuz • 1 Tatlı kaşığı toz şeker

YAPILIŞI

Önce unlu su hazırlıyoruz. Ayıkladığımız baklaları kararmaması için, bu suya bırakıyoruz. Diğer tarafta kuru soğanı piyaz şeklinde doğruyoruz. Üzerine bakla boyunda taze soğanları kesiyoruz. Baklalarımızı unlu sudan çıkarıp yıkıyoruz. Tencereye baklalarımızı, aralarına soğan serperek diziyoruz. Bir kase suyun içerisine bir tatlı kaşığı un ilave edip karıştırıyoruz. Tuzu ve şekeri serpiyoruz. Unlu suyu döküyoruz. Yeteri kadar zeytinyağı ilave ediyoruz. Baklaların üzerine tabak koyup, tencerenin kapağını kapatıyoruz ve kaynamaya bırakıyoruz. Pişmesine yakın suyunu kontrol ediyoruz. Eğer az gelmişse sıcak su ilave ediyoruz. Pişince kapağını

hiç açmadan soğumaya bırakıyoruz. Servis yapılacak tabağa alıp, üzerine dereotu ve yoğurt koyarak servis yapıyoruz.

Zeytinyağlı Bombay Fasulye (4 kişilik)

• 1 Çorba kasesi tepeleme haşlanmış fasulye • 4 Diş sarımsak • 1 Adet büyük boy kuru soğan • 1 Tatlı kaşığı salça (domates veya biber) • 1 Adet kereviz • 1 Tutam maydanoz • Zeytinyağı • Tuz • Şeker • Su

YAPILIŞI

Fasulyelerimizi akşamdan ıslatıyoruz, haşlıyoruz, soğutuyoruz. Tenceremize zeytinyağı döküyoruz. Soğan ve sarımsağı ilave ediyoruz, kavuruyoruz. Üzerine mevsimine göre domates veya biber salçası ilave ediyoruz. Üzerine soğuk su ilave edip fasulyeleri tencereye alıyoruz. Kaynamaya yakın kerevizi fasulye boyutlarına yakın doğrayıp ilave ediyoruz. Tuzu, şekeri ve yeteri kadar suyu ayarlıyoruz. Kısık ateşte pişiriyoruz. Soğumaya bırakıyoruz, servis tabağını alıp üzerine ince doğranmış maydanoz ve kereviz yaprakları serpiyoruz.

NOT: Fasulyelerin iyi pişmiş olması (helemeli) gerekir.

Közlenmiş Patlıcan Salatası (4 kişilik)

- 2 Adet orta boy patlıcan
- 1 Diş sarımsak
- 1 Adet dolmalık biber
- 1 Adet kırmızı biber
- 1 Adet közlenmiş domates
- Yarım çay bardağı çiçek yağı
- Yarım limon suyu
- 1 Tutam maydanoz
- Tuz

YAPILIŞI

Önce sosunu hazırlıyoruz. Rahat karıştırabileceğimiz bir kabın içerisine çiçek yağı, limon suyu ve ezilmiş sarımsakla birlikte sosu hazırılıyoruz.

Diğer tarafta patlıcanları, biberleri ve domatesi ocakta közlüyoruz. Patlıcanların, biberlerin ve domatesin kabuklarını soyup, küp küp doğruyoruz. Sosun içerisine alıyoruz. Doğranmış maydanozu üzerine koyup tuz serpip tahta kaşıkla ezmeden karıştırıyoruz. Servis yapacağımız tabağın içine kıvırcık ya da tercih edeceğimiz yeşilliklerle süslüyoruz.

NOT: Maydanoz yerine taze kekik kullanabilirsiniz.

Zeytinyağlı Ispanak Kökü (4 kişilik)

• 1 Kilo ıspanak kökü • 1 Adet kuru soğan • 3 Diş sarımsak • 1 Adet havuç • 2 Adet domates • 2 Çorba kaşığı su • Çiçek yağı • Tuz

YAPILIŞI

Ispanak köklerini yapraklardan ayırıyoruz ve yıkıyoruz. Diğer tarafta soğanı, sarımsağı ve havucu doğruyoruz. Tencereye çiçek yağı ilave ediyoruz. Önce soğan ve sarımsağı alıyoruz ve 3 dakika kavuruyoruz. Daha sonra havucu ilave ediyoruz. Kavrulduktan sonra ıspanak köklerini ilave ediyoruz. Üzerine kabuğu soyulmuş, doğranmış domatesleri ve tuzu ilave ediyoruz. Az miktarda su koyuyoruz ve pişiriyoruz. Soğumaya bırakıyoruz, üzerine yoğurt koyup servis yapıyoruz.

Zeytinyağlı Patlıcan Silkmesi (4 kişilik)

• 2 Adet orta boy patlıcan • 1 Adet kuru soğan • 3 Diş sarımsak • 2 Adet yeşil biber • 3 Adet domates • Yarım çay bardağı çiçek yağı • Tuz • Şeker • Yarım çay bardağından daha az su

YAPILIŞI

Patlıcanların bütün kabuklarını soyup küp küp doğruyoruz. Acısını çıkarmak için tuz serpip yıkıyoruz. Diğer tarafta kuru soğanı ve sarımsağı doğruyoruz. Tenceremize çiçek yağı veya zeytinyağı koyuyoruz. Üzerine soğanı ve sarımsağı ilave ediyoruz, 2-3 dakika kavuruyoruz. Patlıcanları ve yeşil biberleri ilave ediyoruz.
Hepsini 2-3 tur çeviriyoruz.
Üzerine kabuğu soyulmuş domatesleri ilave ediyoruz.
Tuzu ve şekerini koyuyoruz. Suyunu olabildiğince az kullanıyoruz.
Suyu ne kadar az olursa lezzeti o kadar çok olur. Kapağını kapatıp kendi buharında ve öz suyunda pişmeye bırakıyoruz. Pişince soğutuyoruz, servise hazır hale getiriyoruz. İstenilirse üzerine dereotu serpiyoruz.

Zeytinyağlı Biber Dolması

- 6 Adet orta boy dolmalık biber
- 3 Adet orta boy kuru soğan
- 2 Adet orta boy domates
- 1 Çorba kaşığı biber salçası
- 6 Çorba kaşığı pirinç • 1 Tutam maydanoz
- 1 Tutam dereotu • 1 Tutam taze nane (ya da kuru nane)
- 1 Tutam taze fesleğen (ya da kuru fesleğen) • Tuz • Karabiber
- 2 Adet küp şeker • Zeytinyağı

YAPILIŞI

Biberleri ayıklayıp yıkıyoruz. Diğer tarafta pirinçleri yıkayıp süzüyoruz. Kuru soğanı ince ince doğruyoruz. Üzerine dereotu, fesleğen, nane doğruyoruz. Bunların üzerine pirinç ilave ediyoruz. Tuzu, karabiberi, biber ve domates salçasını ince doğranmış domatesleri karıştırıyoruz. Dolmanın içi hazırlandıktan sonra iç harcı dolmanın içerisine dolduruyoruz. Domatesin kabukları ve maydanozun köklerini tencerenin altına döşüyoruz. Biberleri diziyoruz tuzu, şekeri, yağı ve suyu ilave edip pişiriyoruz. Soğumaya bırakıyoruz. Servis tabağının içinde ortadan ikiye bölerek servis ediyoruz.

NOT: İstenirse yeşil dolmalık biberle de yapılabilir.

Zeytinyağlı Taze Fasulye (6 kişilik)

• 500 gr Taze fasulye • 1 Adet kuru soğan • 2 Diş sarımsak • 3 Adet domates • 2 Adet küp şeker • Tuz • Yeteri kadar su • Çiçek yağı

YAPILIŞI

Fasulyelerin kılçıklarını ayırıp yıkıyoruz. Uzunlamasına doğruyoruz. Kuru soğanı halkalar halinde doğruyoruz ve tencerenin alt kısmına yerleştiriyoruz. Üzerine taze fasulyeleri diziyoruz. Onunda üzerine sarımsak ve kabuğu soyulmuş domatesleri ilave ediyoruz. Tuzu ve şekeri ilave ediyoruz. Suyu ve yağıda koyduktan sonra fasulyenin üzerine bir tabak kapatıyoruz. Tencerenin kapağını kapatıp ocağın altını yakıyoruz. Yemeğimiz kaynayınca ocağın altını kısıyoruz. Kısık ateşte fasulyeleri pişiriyoruz. Tabağı içinden alıp kapağını kapatıyoruz. Soğumaya bırakıyoruz ve servis yapıyoruz.

Zeytinyağlı Kereviz Sapı (4 kişilik)

• 300 gr Taze kereviz sapı • 4 Adet yeşil soğan • 2 Diş sarımsak • 2 Adet domates • 1 adet kırmızı biber • 1 Bardak su • Çiçek yağı • Tuz • 1 Çorba kaşığı toz şeker

YAPILIŞI

Taze kereviz saplarını yıkayıp, temizliyoruz. Hepsini 1 parmak boyunda kesip, tencereye düzgün bir şekilde diziyoruz. Kereviz yapraklarıyla üzerini kapatıyoruz. Domatesi ve sarımsağı ince ince doğrayıp tencereye ilave ediyoruz. Kırmızı biberleri halka halka kesip tencereye koyuyoruz. Tuzunu, şekerini, yağını koyup ateşe bırakıyoruz. Kaynamaya başlayınca, ateşi iyice kısıp, tencerenin kapağını kaldırıp yemeğin üzerini bir tabakla kapatıyoruz. Yemeğin pişme süresi kereviz saplarının tazeliğine göre değişebilir. Yaklaşık süre 30 ile 45 dakika arasıdır. Piştikten sonra ocağın altını kapatıp, bütün zeytinyağlılarda olduğu gibi soğumaya bırakıyoruz. Soğuduktan sonra, servis tabağının içine alırken kereviz saplarını, kırmızı biber halkalarının içine geçirip öyle sunuyoruz.

Zeytinyağlı Brokoli

• 500 gr Taze brokoli • 1 Adet havuç • 1 Adet kuru soğan • Çiçek yağı • Tuz • 1 Tane küp şeker

YAPILIŞI

Brokolileri yıkayıp, küçük parçalara ayırıyoruz. Havucu uzunlamasına ikiye bölüp verev verev (yan yan) kesiyoruz. Soğanı da ince ince doğruyoruz. Tenceremize çiçek yağını koyup, ocağın altını açıyoruz. Kuru soğanları tencerede hafif pişirip, havuçları ilave ediyoruz. Arkasından brokolileri tencereye koyuyoruz. Tuzunu, şekerini ilave ediyoruz. En son kabuğu soyulmuş domatesleri koyup, tencerenin kapağını kapatıp, kısık ateşte pişirmeye bırakıyoruz. Yemeğe hiç su koymuyoruz. Kendi suyuyla pişmesi daha iyi sonuç veriyor. Tencerenin kapağının iyi kapatılmış olması gerekiyor.

Zeytinyağlı Domates Dolması

• 6 Adet domates • 2 Adet kuru soğan • 3 Çorba kaşığı pirinç
• 1 Çorba kaşığı dolmalık fıstık • 1 Tutam maydanoz
• 1 Tutam dereotu • 1 Tutam taze nane (ya da kurunane)
• Tuz • Karabiber • Yeni bahar (varsa) • Zeytinyağı • Su
• 1 Tatlı kaşığı toz şeker

YAPILIŞI

Orta boy domatesleri yıkayıp sap kısımları alta gelecek şekilde üst kısımlarını kapak şeklinde kesiyoruz. Domateslerin içini oyuyoruz. İçerisine az miktarda tuz ve şeker serpiyoruz.
İç harcı: Kuru soğanı yemeklik olarak doğruyoruz. Tencereye yeteri kadar zeytinyağı koyuyoruz. Dolmalık fıstıkları kavuruyoruz. Üzerine kuru soğanı ilave ediyoruz, kavuruyoruz. Tuzlu ve ılık suda ıslatılmış pirinçleri yıkayıp süzüyoruz. Kavrulmuş soğanın üzerine koyup, kavuruyoruz. Tuz, şeker az miktarda sıcak su koyup, kısık ateşte suyunun çekmesini sağlıyoruz. Piştikten sonra dinlendirip, soğutuyoruz. Diğer tarafta nane, dereotu, maydanoz doğruyoruz. Domateslerin içine dolduruyoruz. Kestiğimiz kapakları kapatıyoruz. Tencerenin alt kısmına kuru soğanla birlikte, taze baharatların sap kısımlarını döşüyoruz. Üzerine domates dolmalarını diziyoruz. Tuz, şeker, yağ ve su ilave ediyoruz. Kaynamaya başlayınca kısık ateşte pişirmeye bırakıyoruz (fırında da pişirebiliriz). Soğuduktan sonra servis yapıyoruz.

Zeytinyağlı Enginar (2 kişilik)

• 2 Adet enginar • 6 Adet arpacık soğan • 1 Adet havuç • 1 Adet patates
• 1 Tutam dereotu • 1 çay kaşığı un • Tuz • Su • Zeytinyağı

YAPILIŞI

Enginarları soyuyoruz, kararmaması için unlu ve limonlu sosun içine koyuyoruz. Diğer tarafta havuçları küp şeklinde doğruyoruz. Patateslerin kabuklarını soyup doğruyoruz. Tenceremize önce enginarları alıyoruz. Enginarların üzerine havuç ve soğanı onunda üzerine soğuk su ve unla hazırlanmış karışımı döküyoruz. Daha sonra zeytinyağını, tuzu, şekeri koyuyoruz. Enginarlar biraz piştikten sonra, patatesleri tencereye koyuyoruz. Tencerenin kapağını kapatıyoruz. Enginarlar pişinceye kadar kaynatıyoruz. Pişince soğutuyoruz. İstenirse üzerine taze bezelye, dereotu serpiyoruz.

Zeytinyağlı Patlıcan Dolması (4 kişilik)

• 3 Adet orta boy patlıcan • 3 Adet kuru soğan • 6 Çorba kaşığı pirinç • 1 Çorba kaşığı dolmalık fıstık • 2 Çorba kaşığı kuş üzümü • Çiçek yağı • Tuz • Karabiber • Yeni bahar • Su • 1 Tutam maydanoz • 1 Tutam dereotu • 1 Tutam taze nane (ya da kuru nane)

YAPILIŞI

Orta boy patlıcanların sap kısmını kesip içini oyuyoruz. Tahta üzerinde patlıcanı yuvarlayıp eziyoruz. Böylece içini çıkarmamız kolaylaşıyor.

İç harcı: Kuru soğanları doğruyoruz, tencerenin içine yağ ilave edip dolmalık fıstıkları kavuruyoruz.

Üzerine kuru soğanı koyuyoruz. Tuzlu ve ılık suda bekletilmiş olan pirinçleri süzüp ilave ediyoruz, kavurmaya devam ediyoruz. Ilık suda bekletilen kuş üzümlerini süzüp tuz, şeker ve az miktarda su ile ilave ediyoruz. Tencerenin kapağını kapatıyoruz. Kısık ateşte yaklaşık 5 dakika pirinçler suyunu çekene kadar pişiriyoruz. Soğumaya bırakıyoruz. Diğer tarafta dereotu, taze nane, maydanozu doğruyoruz. Karabiber ve yeni bahar ilave edip bunları harcımıza karıştırıyoruz. Patlıcan içlerinin bir bölümünü ister kızartarak ister çiğ halde küp küp doğrayarak harcımıza ilave ediyoruz. Patlıcanları dolduruyoruz. Patlıcan içlerini kapak olarak kullanıyoruz kürdan yardımıyla kapağı kapatıyoruz. Tencerenin alt kısmına soğan, dereotu, maydanoz, nanenin köklerini döşüyoruz. Patlıcanları diziyoruz. Yeteri kadar tuz, şeker, yağ ve su ilave ediyoruz. Kısık ateşte pişiriyoruz, soğumaya bırakıyoruz. Servis tabağımıza patlıcanları kesip yeşil otlarla, limonla süsleyip servise hazır hale getiriyoruz.

NOT: İstenirse bu iç harctan lahana, yaprak, soğan dolması yapılır.

Salata

çeşitleri

Diyet Salatası (6 kişilik)

• 1 Çorba kasesi brokoli • 1 Çorba kasesi karnabahar • 5 Tane taze fasulye • 1 Adet havuç • 1 Adet kırmızı biber • 1 Tutam fesleğen • Tuz • Zeytinyağı • Limon suyu

YAPILIŞI

Öncelikle karnabaharı ve brokoliyi iri parçalara bölüyoruz. Taze fasulyelerin kılçıklarını aldıktan sonra jülyen doğruyoruz. Havucu, kırmızı biberi doğruyoruz. Kaynamakta olan suyun içerisine önce havucu, taze fasulyeyi ve karnabaharı son olarak da brokoliyi bırakıyoruz.
Yaklaşık 2-3 dakika kaynatıyoruz. Sebzelerin canlı kalabilmesi için kevgir yardımıyla buzlu suyun içerisine alıyoruz. Sebzeler tam anlamıyla soğuyunca süzüyoruz. Sebzeleri karıştırma kabının içine alıyoruz, üzerine ince doğranmış fesleğen ilave ediyoruz. Tuz, zeytinyağı ve limon suyu ilave ediyoruz. Sosla, sebzeleri karıştırıyoruz ve servise hazır hale getiriyoruz.

Ispanak Salatası (2 kişilik)

- 1 Tutam taze ıspanak yaprağı
- 1 Çorba kaşığı tulum peyniri
- 4 Adet ceviz
- 3 Adet çeri domates
- 3 Adet siyah zeytin
- Yarım limon suyu
- Zeytinyağı

YAPILIŞI

Önce ıspanak yapraklarını yıkıyoruz ve ortadan ikiye bölüyoruz. Üzerine zeytinyağı ve limonu ilave ediyoruz karıştırıyoruz. Salatayı servis tabağımızın içine alıyoruz. Salatanın üzerine tulum peyniri ve fırında kurutulmuş ceviz parçalarını ilave ediyoruz ayrıca çeri domatesi ve siyah zeytini salatada kullanıyoruz. Böylece salatamızı servise hazır hale getiriyoruz.

Kekikli Tavuk Salatası (4 kişilik)

• 1 Adet tavuk göğsü • 1 Tutam roka • Yarım göbek salata • 4 Adet çeri domates • 1 Çorba kaşığı tane mısır • 1 Çorba kaşığı kekik

YAPILIŞI

Tavuk göğsünü kekikle kaplıyoruz. Fırında pişiriyoruz ya da az yağda teflon tavada kızartıyoruz. Et piştikten sonra soğumaya bırakıyoruz. Diğer tarafta göbek salatayı ve rokayı yıkıyoruz. Göbek salatayı istediğimiz büyüklükte doğruyoruz üzerine rokayı kırma olarak koyuyoruz. Kenarlarına çeri domates diziyoruz üzerine mısır taneleri serpiyoruz. Soğuyan tavuk etlerini ince yaprak şeklinde kesiyoruz ve yeşilliklerin etrafına diziyoruz. Üzerine isteğe bağlı olarak hardal sos ya da yağla karıştırılmış balzamik sirkesi döküyoruz. Servise hazır hale getiriyoruz.

Avakado Salatası (2 kişilik)

• 2 Adet avakado • 1 Adet közlenmiş kırmızı biber • 2 Adet yeşil soğan • Yarım limon suyu • Zeytinyağı • Tuz

YAPILIŞI

Orta kıvamda çok sert olmayan avakadolar seçiyoruz. Kabuklarını soyuyoruz. Yağ ve limondan oluşan bir sos hazırlıyoruz. Sosun içine iri doğranmış avakadoları bırakıyoruz. Üzerine közlenmiş, kabukları alınmış iri doğranmış, kırmızı biber ve yeşil soğanı ilave ediyoruz. Sosla bütün harcı karıştırıyoruz. Yeşillikle kaplanmış servis tabağına alıyoruz. Üzerine istenilirse dere otu ve maydanoz serpiyoruz.

Mısırlı Taze Soğanlı Pancar Salatası (2 kişilik)

- 1 Çorba kasesi kırmızı pancar turşusu
- 2 Çorba kaşığı tane mısır
- 2 Adet yeşil soğan
- 1 Tutam maydanoz
- 1 Tutam kıvırcık yaprağı
- 1 Çorba kaşığı sirke
- Yeteri kadar zeytinyağı veya çiçek yağı
- Tuz

YAPILIŞI

Pancar turşularını küçük parçalar halinde doğruyoruz. Üzerine mısırları serpiştiriyoruz üzerine pancarlarla aynı boy doğranmış yeşil soğanları ilave ediyoruz. Üzerine maydanoz doğruyoruz. Zeytinyağı veya çiçek yağı, sirke ve tuzu karıştırıp salataya döküyoruz. Servis edeceğimiz tabağa kıvırcık yapraklarını döşüyoruz. Salatamızı servis tabağının içine çok fazla yaymadan alıyoruz ve servise hazır hale getiriyoruz.

Kırmızı Biber Soslu Brokoli (2 kişilik)

- 2 Adet közlenmiş kırmızı biber
- 1 Kase haşlanmış brokoli
- 1 Tutam taze fesleğen
- 4 Çorba kaşığı zeytinyağı
- Tuz • Karabiber
- (İstenirse limon suyu ve az miktarda sarımsak kullanılabilir).

YAPILIŞI

Brokolilerin çiçeklerini ayırıp küçük parçalara bölüyoruz. Yıkayıp, süzüyoruz. Diğer tarafta tencereye su koyuyoruz. Su kaynamaya başlayınca içine tuz ilave ediyoruz. Brokolileri tencereye alıyoruz. Brokolileri 3 dakika kaynatıyoruz. Soğuk suyun içine alıp süzüyoruz. Diğer tarafta kırmızı biberleri közlüyoruz. Kabuklarını soyup iri iri doğruyoruz. Parçalayıcıya alıp üzerine fesleğen, zeytinyağı, limon suyu, tuz, karabiber istenirse sarımsak ilave edip, püre haline gelene kadar karıştırıyoruz. Brokolileri servis tabağına alıp, püremizi üzerine döküyoruz. Servis yapıyoruz.

Ton Balıklı Patates Katları
(2 kişilik)

• 1 Adet büyük boy patates • 2 Çorba kaşığı ton balığı • 2 Çorba kaşığı mısır • 1 Adet küçük boy kırmızı biber • 2 Yaprak kıvırcık • 1 Tutam dere otu • Zeytinyağı

YAPILIŞI

Kabuğunu soyduğumuz patatesleri ince ince doğruyoruz. Yağda kızartıyoruz. Havlu kağıdın içerisine alıp fazla yağını süzüyoruz. Patatesleri servis tabağına yerleştiriyoruz. Üzerine kıvırcık yaprağı, ton balığı, dere otu ve maydanoz koyuyoruz. Yaklaşık 3-4 kat oluyor. En son kata kırmızı soğan dilimlerini ve mısır tanelerini koyuyoruz. Kenarına sos hazırlıyoruz. Kırmızı biberi küp küp doğruyoruz. İnce doğranmış dere otu maydanoz üzerine zeytinyağı, limon suyu ilave edip sosumuzu patateslerin etrafına döküyoruz.

Taze Fasulye Salatası (4 kişilik)

· 12 Adet taze fasulye · 5 Yaprak kıvırcık · 1 Çorba kaşığı dolmalık fıstık · 1 Tutam taze fesleğen · 1 Çorba kaşığı mayanez · 2 Çorba kaşığı yoğurt · 1 Çorba kaşığı zeytinyağı · Tuz

YAPILIŞI

Fasulyelerin kılçıklarını ayırıyoruz ve jülyen doğruyoruz. Diğer tarafta tencerenin içerisine yeteri kadar su koyuyoruz, tuz ilave ediyoruz. Su kaynamaya başlayınca fasulyeleri içine bırakıyoruz. Fasulyeleri 3-4 dakika harlı ateşte kaynatıyoruz. Buradan buzlu su veya soğuk suyun içerisine kevgir yardımıyla alıyoruz. Süzdükten sonra doğranmış olan fesleğenlerle karıştırıyoruz. Daha sonra ince doğranmış kıvırcık yapraklarını servis tabağına yayıyoruz. Kıvırcık yapraklarının üzerine fesleğenle karıştırdığımız taze fasulyeleri alıyoruz.

Sosu için: Mayonez, yoğurt, zeytinyağı ve tuzu çırpma teliyle karıştırıyoruz. Kıvamını ayarlıyoruz. Sosu salatamıza döküyoruz. Kızartılmış dolmalık fıstıkları salatanın üzerine serpiyoruz.

Acılı Ezme (2 kişilik)

• 2 Adet kuru soğan • 2 Adet yeşil biber • 2 Adet domates • 1 Diş sarımsak • 1 Tutam maydanoz • 1 Tutam dere otu • 1 Tutam taze nane • 1 Çorba kaşığı biber salçası • 1 Tatlı kaşığı kekik • Tuz • Karabiber • Pul biber • Limon suyu • Zeytinyağı

YAPILIŞI

Kuru soğanı, yeşil biberi, taze naneyi, maydanozu, dere otunu doğrayıp karıştırıyoruz. Parçalıyıcıda hepsini parçalıyoruz. İstediğimiz kıvama gelince suyunu süzüyoruz. Diğer tarafta kabukları soyulmuş domatesleri ince doğruyoruz ya da parçalayıcıdan geçiriyoruz ve harcın içine alıyoruz karıştırıyoruz. Üzerine biber salçası, kekik, tuz, karabiber, pul biber, limon suyu, zeytinyağı ilave edip karıştırıyoruz. Maydanoz ve naneyle süsleyip servise hazırlıyoruz.

Yoğurt Soslu Ispanak Salatası
(2 kişilik)

• Yarım kilo ıspanak yaprağı • 3 Adet mantar • 3 Adet siyah zeytin

Sos için

• 1 Kase yoğurt • 2 Çorba kaşığı zeytinyağı • Tuz

YAPILIŞI

Ispanak yapraklarını yıkayıp, süzüyoruz. Servis yapacağımız tabağın içine alıyoruz. Yoğurt, zeytinyağı, tuz ayrı bir kap içerisinde çırpma teliyle karıştırıyoruz. Kıvamını ayarlıyoruz. Koyu olmuşsa suyla açıyoruz. Yalnız burada dikkat edilmesi gereken sosun çok sulu olmamasıdır. Hazırlanan sosu servis tabağındaki ıspanak yapraklarının üzerine döküyoruz. Diğer tarafta mantarı az yağda soteliyoruz. İstenirse fesleğen ilave ediyoruz. Yoğurdun üzerine serpiyoruz. Mantarların üzerine çekirdeği alınmış siyah zeytin istenirse üzerine jülyen doğranmış domates koyuyoruz. Salatamızı servise hazır hale getiriyoruz.

Pane tulum peynirli kırma salata (4 kişilik)

• 1 Tutam roka • 1 Tutam kıvırcık • 1 Tutam renkli yeşillik (varsa)
• 1/4 Göbek salata • Dereotu • Maydanoz • Taze nane
• Taze fesleğen (istenilen miktarda kullanabilirsiniz)
• 1 Çorba kasesi tulum peyniri • Yarım kahve fincanı beyaz peynir

Pane için

• 1 Adet yumurta • 2 Çorba kaşığı un • 4 Çorba kaşığı galeta unu
• 2 Çorba kaşığı kırılmış ceviz

YAPILIŞI

Yeşillikleri yıkıyoruz. Süzüp iri ve küçük olacak şekilde elimizle kırıyoruz. Karıştırıp servis tabağına alıyoruz. Diğer tarafta tulum peynirinin içine beyaz peyniri ilave ediyoruz. Parçalayıcının içinde peynirleri karıştırıyoruz. Parçalayıcımız yoksa peynirleri tel süzgeçten geçirip karıştırıyoruz. Peynirlere yuvarlak veya parmak şeklini veriyoruz. Bir tabağın içine yumurta, bir tabağın içine un, bir tabağın içine galeta unu koyuyoruz. Peynirleri önce una, yumurtaya ve galeta ununa batırıyoruz. Bir tabağın içine peçete açıp üzerine galeta unu serpiyoruz. Pane peynirlerimizi koyuyoruz. Peynirler salataya fazla gelirse derin dondurucuda saklamak mümkün. Peynirleri yağda kızartıyoruz. Peçete içine çıkartıyoruz. Salatanın kenarlarına peynirlerimizi koyuyoruz. Üzerine hardal sosu ya da krem beyaz sos döküyoruz. Üzerine iri kırılmış ceviz serpiyoruz. Servise hazır hale getiriyoruz.

Buğday Salatası

- 1 Çorba kasesi haşlanmış buğday • 2 Adet taze soğan
- 1 Adet domates (rendelenmiş) • 1 Tutam maydanoz
- 1 Çorba kaşığı nar ekşisi • 4 Yaprak kıvırcık
- Zeytinyağı • Tuz

YAPILIŞI

Haşlanmış buğdayları karıştırma kabına alıyoruz. Üzerine domates rendeliyoruz. Domateslerin üzerine taze soğan ve bir tutam maydanoz doğruyoruz. Nar ekşisi, zeytin yağı ve tuz ilave edip karıştırıyoruz. İnce doğranmış kıvırcık yapraklarını yayıyoruz, salatamıza döküyoruz. Üzerine maydanoz yaprakları koyup servis ediyoruz.

Roka Salatası

- 1 Bağ roka · 5 Yaprak marul · 1 Adet kırmızı dolma biber
- 1 Yarım sarı dolma biber · 4 Adet taze mantar
- 1 Fincan krotan ekmek (krotan, istenilen şekilde doğranmış ve kurutulmuş demek)
- 2 Çorba kaşığı balzamik sirke · Zeytinyağı

YAPILIŞI

Bir bağ rokayı ve marul yapraklarını yıkıyoruz. İri şekilde doğruyoruz, karıştırıyoruz ve servis edilecek tabağa alıyoruz. Üzerine kırmızı dolma biber ve sarı dolma biber jülyen doğruyoruz. Taze mantarları istenilen büyüklükte doğrayıp az yağda soteliyoruz. Sotelediğimiz mantarları salatanın üzerine alıyoruz. Üzerine fırında kızartılmış krotan yani kıtır ekmek koyuyoruz. İstenilirse üzerine zeytin ve peynir çeşidi serpmek mümkün. Salatanın üzerine zeytinyağı ya da çiçek yağıyla karıştırılmış sirkeyle sos hazırlıyoruz. Bu sosu salatamızı servis edeceğimiz zaman ilave edip servise hazır hale getiriyoruz.

Not: Yıkanan yeşilliklerin tam anlamıyla suları alınmalı böylece salatalarımız daha lezzetli olur.

Taze Baharatlı Bahçe Salatası

• 1 Tutam maydanoz • 1 Tutam dere otu • 1 Tutam taze nane
• 2 Adet yeşil soğan • 1 Adet yeşil biber • 1 Adet domates
• 1 Kibrit kutusu büyüklüğünde beyaz peynir

YAPILIŞI

Su içerisinde bekletilmiş ve yıkanmış olan maydanoz, dere otu ve naneyi kırma olarak ayıklıyoruz. Bunların üzerine taze yeşil soğanı jülyen olarak doğruyoruz. Ortadan ikiye bölünmüş ve jülyen doğranmış biberleri ilave ediyoruz. Hepsini karıştırıyoruz ve servis tabağının içine alıyoruz. Domatesin filato dediğimiz kısmını jülyen doğruyoruz, salatamızın üzerine serpiyoruz. Üzerine az miktarda beyaz peynir rendeliyoruz. Sos olarak yağ, limon, tuz ya da yağ ve balzamik karışımından hazırlanan sosu dökerek servis ediyoruz.

Gökkuşağı Salatası

• 1 Adet göbek salata • 1 Adet havuç • 1 Adet turp
• Yarım kırmızı lahana • 1 Adet domates
• 1 Adet salatalık • 1 Tutam maydanoz

YAPILIŞI

Göbek salataları yıkayıp ince ince doğruyoruz. Doğradıktan sonra servis tabağının içine alıyoruz. Diğer bir tarafta turp ve havucu rendeliyoruz. Kırmızı lahanayı olabildiğince ince doğruyoruz ve ayrı bir kaba alıyoruz. Üzerine biraz limon suyu, sirke döküp ovuşturuyoruz. Salatanın üzerine rendelenmiş havucu gökkuşağını andıracak şekilde uzunlamasına koyuyoruz. Hemen devamında turpu ve lahanayı alıyoruz. Kenarlarına domates, salatalık dilimleri koyuyoruz ve maydanoz yapraklarıyla süsleyip servise hazır hale getiriyoruz.

Külbastı Salatası

• 100 gr Kuzu eti • 1 Adet kıvırcık • 1 Tutam roka • 1 Tutam semizotu • 1 Adet domates • 1 Tutam soya filizi veya renkli yeşillikler

YAPILIŞI

Kuzu butunun ince kesilmiş et parçalarını tuz, kara biber, pul biber ve yağla birlikte tatlandırıyoruz. Daha sonra ızgarada ya da teflon tavada kurutmadan pişiriyoruz, bir tabağa alıyoruz. Diğer tarafta kıvırcıkları yıkıyoruz ister ince ister iri parçalar halinde doğruyoruz ve servis tabağına alıyoruz. Üzerine roka onun üstüne semiz otu üst üste yığma bir şekilde koyuyoruz. Onlarında üzerine jülyen doğranmış domatesleri, soya filizini serpiyoruz. Etrafına kuzu etlerin diziyoruz. Üzerine balzamik sosu ilave ediyoruz.

Zeytinli Pirinç Salatası

• 1 su bardağı Pirinç • Pirinçleri haşlamak için su
• 1 çay bardağı siyah zeytin • 1 çay bardağı biberli yeşil zeytin
• 1 Tutam maydanoz • Yarım limon suyu
• 5 adet taze soğan • 2 çorba kaşığı zeytin yağı
• Süslemek için domates

YAPILIŞI

Pirinci yıkadıktan sonra bolca su koyup haşlıyoruz. Piştikten sonra suyla soğutup, süzüyoruz.
Diğer tarafta çekirdeği çıkartılmış siyah zeytinleri ve biberli yeşil zeytinleri ince ince doğruyoruz. Maydanozu ve yeşil soğanı zeytinlerle aynı boyda kesiyoruz. Bütün harcı karıştırma kabına alıyoruz. Limon suyunu, zeytinyağını ilave edip rengarenk olana dek karıştırıyoruz.
Servis tabağının zeminini yeşilliklerle kaplayıp üzerine karışımımızı alıyoruz. Domates dilimleriyle süslüyoruz.

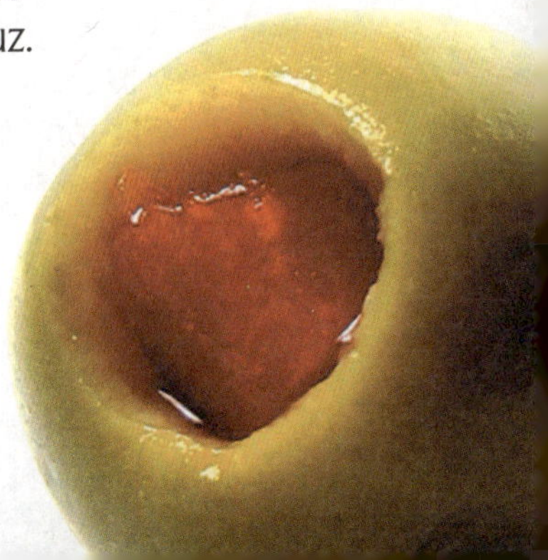

Hardallı Patates Salatası

• 2 Adet haşlanmış patates • 4 Adet yeşil soğan
• 1 Tutam maydanoz • 1 Çorba kaşığı hardal • 2 Çorba kaşığı mayonez
• Yarım limon suyu • Tuz

YAPILIŞI

Patatesleri haşlıyoruz, soğutuyoruz ve soyuyoruz. Küçük parçalar halinde doğruyoruz. Karıştırma kabının içine alıyoruz ve üzerine yeşil soğan doğruyoruz onunda üzerine ince doğranmış maydanoz tuzu ve biberi ilave ediyoruz, karıştırıyoruz. Sosu için hardal, mayonez ve limon suyunu ayrı bir kapta çırpma teliyle karıştırarak salataya döküyoruz. Sosu ve salatayı karıştırıyoruz, servis tabağına alıyoruz. Üzerine çeri domates, zeytin ve maydanozla süsleyip servis ediyoruz.

Çin Salatası

• Taze fasulye • Soya fasulyesi • 2 Adet kereviz
• 1 Adet limon • 1 Adet marul • Sıvı yağ • Biber • Tuz

YAPILIŞI

Marulu, kerevizi ve haşlanmış mantarları iyice yıkayıp minik minik doğrayın. Taze fasulyeleri diri kalacak şekilde haşladıktan sonra onları da aynı biçimde küçük küçük doğrayın, tüm malzemeyi salata kasesine koyup soyayı da kattıktan ettikten sonra limon, yağ, tuz ve biberle hazırladığınız sosu üzerine döküp, servis yapın.

Akdeniz Salatası

• 1 Adet kıvırcık veya göbek veya renkli otlar • Yarım demet roka • 1 Adet kırmızı soğan • 1 Tutam maydanoz • 1 Tutam dereotu • Taze nane • 1 Adet orta boy ton balığı • 2 Çorba kaşığı tane mısır • Limon suyu • Zeytinyağı

YAPILIŞI

Kıvırcık yaprakları veya göbek salatayı yıkıyoruz. Rokayı da yıkıyoruz. Kıvırcık ve rokaları servis tabağına alıyoruz. Üzerine ton balığı parçaları serpiyoruz. Salatamızın orta kısmına bir tutam maydanoz koyuyoruz. Etrafına dere otu koyuyoruz. Mısır taneleri serpiştiriyoruz. Salatamıza sos olarak limon suyu ve zeytin yağı kullanıyoruz. Bu tür salatalarda sos servise yakın dökülmeli, ayrıca bu salatada taze nane kullanabiliriz.

Soslar

Hardallı Sos

- 1 Çorba kaşığı hardal
- 1 Çay bardağı çiçek yağı
- Kıvamını yumuşatmak için limon suyu
- Tuz

YAPILIŞI

Karıştırma kabına önce hardalı alıp çırpma teliyle karıştırıyoruz. Yavaş yavaş ince bir şekilde yağı akıtıp karıştırıyoruz. Koyulaşma yapınca limon suyu ilave ederek akıcı kıvama getiriyoruz. Tuzunu ilave edip bir kez daha karıştırıyoruz. Salatalarda kullanılabilir.

Beyaz Krem Sos

- 2 Çorba kaşığı mayonez
- 2 Çorba kaşığı yoğurt
- 1 Çorba kaşığı limon suyu
- Tuz

YAPILIŞI

Bir kaseye tüm malzemeleri koyuyoruz. Çırpma teliyle karıştırıyoruz. Koyu olursa biraz sütle kıvamı açıyoruz. Bütün yeşil salatalarda kullanılabilir.

Hardallı Domatesli Sos

- 1 Çorba kaşığı hardal
- 1 Çay bardağı domates suyu
- Yarım çay bardağı çiçek yağı
- Tuz
- İstenirse bir diş sarımsak

YAPILIŞI

Karıştırma kabına hardalı ve domates suyunu koyup karıştırıyoruz. Yavaş yavaş çiçek yağını yediriyoruz. Karıştırma işlemi devam ederken tuz ilave ediyoruz. Sosun kıvamı çok akıcı olursa yağ ilave ederek kıvamı ayarlıyoruz.

Yeşil Baharatlı Sos

- 3 Çorba kaşığı mayonez
- 1 Çorba kaşığı yoğurt
- Az miktarda roka, dereotu, maydanoz, taze nane, yeşil soğan yaprağı
- 2 Çorba kaşığı zeytinyağı
- Tuz

YAPILIŞI

Robota bütün yeşillikleri ince doğrayıp koyuyoruz. Zeytinyağı ile karıştırıyoruz. Daha sonra yoğurt, mayonezi ve tuzu üzerine döküp çırpma teliyle karıştırıyoruz. Kıvamı çok akıcı olursa biraz daha mayonez ile koyulaştırıyoruz.

Yayla Sosu

- 1 Fincan yoğurt
- 2 Çorba kaşığı zeytinyağı
- Bir miktar taze nane
- Tuz • 1 adet yeşil soğan

YAPILIŞI

Yoğurdu bir kaba alıyoruz. Taze naneyi ve yeşil soğanı ince doğrayıp ilave ediyoruz. Tuzunu ve yağını koyup karıştırıyoruz. Koyu olursa biraz su ilavesiyle kıvamını ayarlıyoruz.

Fesleğenli Sos

- 1 Tutam fesleğen
- 1 Çay bardağı çiçek yağı
- İstenirse 1 diş sarımsak

YAPILIŞI

Fesleğenleri yıkadıktan sonra yapraklarını parçalayıcıya alıyoruz. Üzerine çiçek yağı ilave ederek kıvamını ayarlıyoruz. İstenirse içine sarımsak ilave ediyoruz.

Sebze yemekleri

Mantarlı Enginar Dolması (4 kişilik)

• 4 Adet enginar • 12 Adet taze kültür ya da kestane mantarı
• 1 Adet domates • 1 Adet orta boy kuru soğan • 2 Diş sarımsak
• 1 Adet patlıcan • 1 Adet kırmızı biber • 1 Adet dolma biber • Zeytinyağı
Tuz • Karabiber • Kekik • Su • Yarım limon suyu

YAPILIŞI

Enginarları bir tencerenin içerisine koyuyoruz. Üzerine enginarların üstüne çıkacak kadar su ilave ediyoruz. Tuz, şeker bir iki damla limon suyu ilave edip enginarları pişmeye bırakıyoruz. Pişen enginarları soğutuyoruz. Diğer tarafta mantarları doğruyoruz. Tavanın içerisine zeytinyağı koyuyoruz. Üzerine mantarları ilave ediyoruz biraz kavrulunca soğanı, sarımsağı ilave ediyoruz. Bir süre daha kavuruyoruz. Sonra kabuğu soyulmuş küp doğranmış domatesleri ilave ediyoruz. Tuz, karabiber, kekik ilave edip ocağın altını kapatıyoruz. Enginarları fırın kabının içine alıyoruz. Enginarların içlerini mantarlı harcla dolduruyoruz. Üzerine rendelenmiş kaşar peyniri koyuyoruz. Fırın kabının içine enginarları pişirdiğimiz suyumuzdan bir iki kepçe koyuyoruz, dibinin tutmaması için. 150 derece fırında 10-15 dakika pişiriyoruz. Diğer tarafta patlıcanları kabuklu olarak verev verev (yan yan) doğruyoruz. Kırmızı ve yeşil dolmalık biberi dörde bölüyoruz. Üzerine zeytinyağı, tuz, karabiber serpip karıştırıyoruz. Hepsini ızgarada kızartıyoruz. Servis tabağına birer ikişer koyuyoruz. Enginar dolmalarımızı fırından çıkartıp biberlerin üzerine koyuyoruz. İstenirse üzerine ince doğranmış maydanoz ve dere otu serpiyoruz. Servise hazır hale geliyor.

Enginar içinde Avokado (2 kişilik)

• 2 Adet orta boy enginar (konserve de olabilir) • 1 Adet orta boy avokado • 1 Adet küçük boy domates • 1 Adet yeşil soğan • 1 Tutam maydanoz • Yarım limon • Tuz • Zeytinyağı

YAPILIŞI

Enginarları zeytinyağlı usulünde pişirip soğutuyoruz. Avokadoyu uzunlamasına ortadan ikiye bölüp kesiyoruz. Kabuğunu istersek soyabilir ya da kaşıkla çıkartabiliriz. Kabukları bozmadan çıkarttığımız avokado kabuğunu içine de doldurabiliriz. Diğer tarafta bütün malzemeleri küp küp doğruyoruz. Limon suyu, zeytinyağı, tuz ilave edip hepsini karıştırıyoruz. Enginarların içine avokadonun kabuğunu doldurup servis tabağına alıyoruz. İstenirse krem peyniri sürülmüş krep dilimleri koyabilirsiniz.

NOT: Avokadolar sert ise mutfağımızda peçeteye sarıp oda sıcaklığında olgunlaşması için birkaç gün limon yumuşaklığına gelene kadar bekletiyoruz.

Soğan Dolması (4 kişilik)

• 6 Adet kuru soğan • 1 Adet portakal kabuğu rendesi • 500 gr Ispanak yaprağı • 1 Diş sarımsak • 1 Çorba kaşığı hindistan cevizi • 1 Fincan kuş üzümü • Yarım su bardağı yoğurt • Çiçek yağı • Tuz • Yeni bahar • Kepek ekmeği

YAPILIŞI

Soğanları üsten kapak kesip içini boşaltıyoruz. Az suyla soğanları 8 dakika pişiriyoruz. İçinden çıkardığımız soğanları doğrayıp sarımsakla birlikte kavuruyoruz. Doğranmış ıspanakları ilave ediyoruz. Hemen ardından portakal kabuğu, kuş üzümü, hindistan cevizi ilave ediyoruz. Tuzunu ve baharatını da ilave ettikten sonra soğumaya bırakıyoruz. Yoğurt ilave edip soğanları dolduruyoruz. Kalan iç harcı borcama yayıyoruz. Üzerine doldurulmuş soğanları diziyoruz. Önceden kestiğimiz kapakları üzerine koyuyoruz. En son ufalanmış kepek ekmeğini soğanları üzerine döküyoruz. 150 derece fırında pişiriyoruz.

Fırında Sebze mozaiği (4 kişilik)

- 1 Adet kabak • 1 Adet patlıcan • 1 Adet havuç
- 1 Diş sarımsak • 1 Adet Soğan
- 1 Adet Domates • 1 Fincan tulum peyniri
- Tuz • Karabiber • Zeytinyağı • Fesleğen

YAPILIŞI

Kuru soğanı piyaz olarak doğruyoruz. Domateslerin kabuklarını soyup dilim dilim doğruyoruz. Fırın kabına soğanların üzerine yayıyoruz. Kabağı, havucu ve patlıcanı kabuklarıyla birlikte verev verev (yan yan) doğruyoruz. Fırın kabının çaprazına bir sıra kabak, patlıcan, domates dikey olarak diziyoruz. Diğer tarafta sarımsak, zeytinyağı, tuz, karabiber, fesleğenden oluşan bir sos hazırlıyoruz. Hazırladığımız sosu bütün sebzelerin üzerine gelecek şekilde döküyoruz. Fırın kabının alt kısmına yarım çay bardağı su döküyoruz. Üzerine tulum peyniri serpiyoruz. 170 derece ısıtılmış fırında 20-25 dakika pişiriyoruz. Servise hazır hale getiriyoruz.

NOT: Et yemeklerinin yanında garnitür olarak servis edilebilir.

Patlıcan Paçası (4 kişilik)

- 4 Adet orta boy kemer patlıcan • 3 Adet domates • 4 Diş sarımsak
- Yarım çay bardağı sirke • Zeytinyağı • Tuz • Şeker • Az su

YAPILIŞI

Orta boy patlıcanların baş kısımları kesilmeden bütün olarak soyuyoruz. Patlıcanları yarısına kadar 4 dilime ayırıyoruz. Tencereye yerleştirip sarımsak, kabuğu soyulmuş küp küp doğranmış domatesleri serpiyoruz. Su, tuz, şeker, yağ ilave ediyoruz sirke koyuyoruz. Kaynamaya başlayınca kısık ateşte patlıcanlar pişene kadar ocağın üstünde tutuyoruz. Ilık veya soğuk olarak servis ediyoruz.

Sebze Yatağı Üzerinde Mantarlı Patates Sandalı (4 kişilik)

• 2 adet patates • 10 adet büyük boy taze mantar • 1 adet soğan • 2 diş sarımsak • 1 adet domates • 1 adet yeşil biber • 4 çorba kaşığı rendelenmiş kaşar peyniri • Tuz • Karabiber

Sebze yatağı harcı

• 1 adet havuç • 4 adet taze fasulye • 1 adet kırmızı biber • Az miktarda soya filizi • Zeytinyağı ile hazırlanmış fesleğen püresi

YAPILIŞI

Patatesleri ikiye bölüp ortasını oyuyoruz. Patatesleri ister kızartıyoruz istersek tuzunu, biberini ilave edip fırında pişiriyoruz. Diğer tarafta mantarları doğruyoruz. Soğanı, sarımsağı ve mantarı kavuruyoruz. Üzerine tuz, karabiber ilave ediyoruz. Patateslerin içine bu harcı dolduruyoruz. Üzerine rendelenmiş kaşar peyniri serpiyoruz.

Fırın kabına alıp 170 derecede üzeri kızarana kadar pişiriyoruz. Tencereye su koyuyoruz. İçine tuz ilave ediyoruz. Havucu 3 dakika kaynatıyoruz. Üzerine taze fasulyeyi ve kabağı ilave ediyoruz. 2-3 dakika kaynatıyoruz. İstediğimiz kıvamda pişiriyoruz. Haşladığımız sebzeleri soğuk suya alıp süzüyoruz. Sebzeleri servis tabağına alıp patatesleri üzerine koyuyoruz.

Limon Soslu Ispanak (4 kişilik)

• Yarım kilo haşlanmış ıspanak • 1 kase yoğurt • Yarım limon suyu • 1 diş sarımsak • Zeytinyağı • Tuz • Değirmenden karabiber • 1 adet domates

YAPILIŞI

Köklerinden ayırdığımız ıspanak yapraklarını yıkayıp, süzüyoruz. Diğer tarafta tencereye bir miktar su koyuyoruz. Suyun içine ıspanakları bırakıyoruz. Kaynamaya başlayınca ıspanakları soğuk suyun içine alıp süzüyoruz. Tahta üzerinde iri iri doğruyoruz. Karıştırma kabının içine alıyoruz. Tuz, karabiber, istenirse sarımsak, zeytinyağı, limon ilave edip karıştırıyoruz. Servis tabağına alıyoruz, üzerine yoğurt ve jülyen doğranmış domates koyup servis yapıyoruz.

Bulgurlu Taze Baharatlı Kabak Dolması (8 kişilik)

• 5 Adet orta boy kabak • 150 gr kıyma • 2 Adet domates
• 1 Çay bardağı bulgur • 2 Adet yeşil soğan
• 2 Adet yeşil biber • Dereotu • Maydanoz • Nane • Pul biber • Tuz • Karabiber

Sos için

• 1 Çorba kaşığı salça • 4 Diş sarımsak • Çiçek yağı • Su

YAPILIŞI

Kabakları çatal veya oyacak yardımıyla çiziyoruz. İçlerini oyarak çıkartıyoruz. Kabakları yıkayıp süzmeye bırakıyoruz. Diğer tarafta karıştırma kabının içine kıyma, domates, iri bulgur, yeşil soğan, yeşil biber, dereotu, maydanoz, taze nane, pul biber, tuz, karabiber koyup iç harcı hazırlıyoruz. Hazırlanan harcı kabakların içine dolduruyoruz. Tencerenin içerisine maydanoz, dereotu saplarını yayıyoruz. Kabakları diziyoruz. Diğer tarafta tencerenin içine yağ koyuyoruz Üzerine sarımsağı doğruyoruz. Sarımsaklar kavrulunca salça ilave ediyoruz. Dolmaya yetecek kadar su, tuz koyup sosu kabakların üzerine döküyoruz. Kısık ateşte pişiriyoruz.

Tavuklu Krep (4 kişilik)

• 1 Adet tavuk göğsü (tek parçası) • 1 Adet kuru soğan • 2 Diş sarımsak • 5 Adet büyük boy taze mantar • 2 Çorba kaşığı bezelye • 1 Tatlı kaşığı un • Yeterince su • Mısırözü yağı • Tuz • Karabiber • Yeşil soğan yaprakları

Fesleğenli domatesli sos için

• 2 Adet domates • 1 Tutam fesleğen • Zeytinyağı • Tuz • Karabiber

YAPILIŞI

Tavuk göğsünü küçük parçalar halinde doğruyoruz. Tavamızın içine mısır özü yağı koyup tavuk etlerini ilave ediyoruz. Üzerine soğan ve sarımsak ilave ediyoruz. Taze mantar koyup kavuruyoruz. Bezelye ve unu ilave edip biraz daha kavuruyoruz. Yeterince su, tuz, karabiber ilave ediyoruz. **Krep harcı:** Diğer tarafta bir kabın içerisine soğuk süt, yumurta, yağ, tuz koyup karıştırıyoruz. Üzerine yavaş yavaş un ilave ediyoruz. Teflon tavaya yağ koyuyoruz. Bir kepçe dolusu krep harcını ilave ediyoruz. Orta hararetli ateşte pişiriyoruz. Pişirdiğimiz kreplere harcımızı paylaştırıyoruz. Kreplere bohça şekli veriyoruz. Yeşil soğanları sıcak suyun içerisine batırıp çıkartıyoruz. Kreplerin uçlarını yeşil soğan yapraklarıyla bağlıyoruz. Üzerine rendelenmiş kaşar peyniri serpip fırın tepsisine alıyoruz. 170 derecede 5 dakika pişiriyoruz. Bu arada domates ve fesleğeni ince doğrayıp tavada soteliyoruz. Tuz, karabiber ilave edip karıştırıyoruz. Servis tabağına krepimizi alıyoruz, kenarlarını sosla süsleyip servise hazır hale getiriyoruz.

Tavuklu Nohutlu Patlıcan Bastı

• 4 Adet kemer patlıcan • 2 Adet kuru soğan • 2 Diş sarımsak • 200 gr Tavuk kıyması • 2 Adet domates • 5 Adet yeşil biber • Su • 1 Su bardağı nohut • 1 Tatlı kaşığı biber salçası • Çiçek yağı • Tuz • Karabiber

YAPILIŞI

Patlıcanları alaca olarak soyuyoruz. Önce ortadan ikiye bölüp bu parçaları üçe veya dörde bölüyoruz. Üzerine tuz atıp bekletiyoruz. Daha sonra yıkayıp süzüyoruz. Diğer tarafta tencereye yağ koyuyoruz. Kuru soğan ve sarımsağı ilave edip çeviriyoruz. Küçük doğranmış göğüs veya kıymasını ilave edip karıştırıyoruz. Salça ilave ediyoruz. İç harcı tenceremize yayıyoruz. Üzerine önceden haşladığımız nohutları serpiştiriyoruz. Nohutların üzerine patlıcanları, domatesleri ve yeşil biberleri ilave ediyoruz. Tuz, karabiber, az miktarda su koyarak kaynatıyoruz. (Yemeğin suyu az olmalı, kısık ateşte pişirilmeli). Servise hazır hale getiriyoruz.

Bezelyeli-Fesleğenli Domates Dolması (6 kişilik)

• 1 Fincan bezelye • 6 Adet domates • 7 Adet mantar • 1 Adet kuru soğan • 2 Diş sarımsak • 1 Adet kırmızı biber • 1 Adet patates • 2 Adet patlıcan • 1 Tutam dereotu • 1 Tutam maydanoz • 1 Tutam fesleğen • Tuz • Karabiber • Zeytinyağı

YAPILIŞI

Tavanın içine biraz zeytinyağı koyuyoruz. Üzerine doğranmış kırmızı biberi, mantarı, bezelyeyi ve rendelenmiş çiğ patatesi ilave edip soteliyoruz. Tuzunu, karabiberini koyup piştikten sonra ocağın altını kapatıyoruz. Biraz soğuduktan sonra dereotu ve maydanozu harcımıza ilave ediyoruz. Daha sonra bu harçla domateslerin içini dolduruyoruz. Üzerine rendelenmiş kaşar peyniri koyuyoruz. Fırın kabına alıyoruz. Kabın içine az su, az çiçek yağı döküyoruz ve 150 derece fırına gönderiyoruz. Oyduğumuz domateslerin iç kısmını ince doğradıktan sonra tavaya az zeytinyağı, ince doğranmış fesleğen, tuz, karabiber, az miktarda su koyup kaynatıyoruz. Üzerine domates dolmalarını koyuyoruz. Kenarlarına közlenmiş, parmak şeklinde kesilmiş patlıcanlar koyup dere otu ile süsleyip servis ediyoruz.

Patatesli Soğan Paçası (4 kişilik)

• 10 Adet orta boy kuru soğan veya arpacık • 1 Adet patates • 6 Diş sarımsak • 2 Adet domates • 2 Adet sivri biber • 2 Çorba kaşığı sirke • Çiçek yağı • Tuz • Bir miktar maydanoz • Su

YAPILIŞI

Kuru soğanların başlarını keserek soyuyoruz. Tencereye yağı koyup biraz kavuruyoruz. Üzerine sarımsağı, küp küp doğranmış patatesi ilave edip kavurmaya devam ediyoruz. Üzerine domates, biber, sirke, tuz, az miktarda su koyup kapağını iyice kapayıp kısık ateşte pişiriyoruz. Tenceresinde soğuttuktan sonra, servis tabağına alınca üzerine ince doğranmış maydanoz serpiyoruz.

NOT: Paça yemeklerine sirke konulur.

Fırında Sütlü Patates

- 4 Adat orta boy patates • 1,5 Su bardağı soğuk süt veya krema
- 2 Diş sarımsak • 1 Miktar rendelenmiş muskat cevizi
- 1 Fincan rendelenmiş kaşar • Tuz • Karabiber

YAPILIŞI

Kabukları soyulmuş patatesleri olabildiğince ince şekilde ister ortadan ikiye bölerek orta boy patates ise bölmeyerek doğruyoruz. Diğer tarafta karıştırma kabını içine süt, muskat cevizi rendeliyoruz. Biraz sarımsak, tuz, toz kırmızı biber ilave edip karıştırıyoruz. İnce doğranmış patatesleri yıkamadan bu harcın içine alıyoruz. Karıştırıp fırın kabının içine alıyoruz. Düzeltip üzerini alüminyum folya ile kapatıyoruz. 150 derece fırında yarım saat pişirip alüminyum folyoyu alıyoruz. Üzerine rendelenmiş kaşar serpiyoruz. Tekrar fırına gönderip yarım saat daha pişiriyoruz. Yemeğimizi ara sıra kontrol ediyoruz. Pişince fırından çıkartıp 10 dakika dinlendiriyoruz. Dilimleyerek servis ediyoruz.

Safranlı Kuş Üzümlü Patates Galya

• 2 Adat patates • 2 Adet havuç • 1 Çorba kaşığı kuş üzümü • 1 Adat kuru soğan • 2 Diş sarımsak

YAPILIŞI

Patatesleri soyup yarım slays şeklinde doğruyoruz. Tencereye yağ koyup soğan ve sarımsağı soteliyoruz. Havuç ilave edip sotelemeye devam ediyoruz. Üzerine patates, kuş üzümü, toz safran ilave edip karıştırıyoruz. Tuz, az su ilave ediyoruz. Kısık ateşte havuç ve patates pişine kadar ocakta tutuyoruz. İlk sıcaklığı çıkınca servis tabağına alıp üzerine dereotu, maydanoz serperek servis ediyoruz.

Kekik Soslu Sebze Katları

• 2 Adet kabak • 2 Adet patlıcan
• 4 Adet domates • 2 Diş sarımsak
• 1 Fincan rendelenmiş kaşar • Tuz
• Karabiber • Zeytinyağı

Sos için

• 3 Adet domates • 1 Kase yoğurt • 1 Çorba kaşığı kekik
• Tuz • Karabiber • Zeytinyağı

YAPILIŞI

Büyük boy patlıcanları alaca soyduktan sonra 1 parmak kalınlığında doğruyoruz. Kabakları da aynı kalınlıkta doğruyoruz. Sarımsakları da doğruyoruz. Karıştırma kabına doğranmış kabak, patlıcan, sarımsak, karabiber, tuz, zeytinyağı (isteğe bağlı olarak fesleğen) koyuyoruz ve bunların hepsini güzelce karıştırıyoruz. Daha sonra teflon tavada başka yağ koymadan marine ettiğimiz yağıyla bir miktar soteliyoruz. Sonra fırın kabına 1 patlıcan, 1 dilim domates, kabak olmak üzere 6 kat diziyoruz.. Üzerine rendelenmiş kaşar peyniri koyarak fırına gönderiyoruz.

Sosu için; domatesleri ince doğruyoruz. 1 diş sarımsakla birlikte kekikli bir sos elde ediyoruz. Sebze katlarımızı servis tabağına koyduktan sonra üzerine kekikli sos ve onunda üzerine yoğurt döküp servis ediyoruz.

Mevsim Sebzeli Mücver

• 1 Adet kabak • 1 Adet havuç • 4 Adet yeşil soğan veya pırasa • 1 Tutam maydanoz • 1 Tutam dere otu • Çiçek yağı • Karabiber • 1 Tutam taze nane veya kuru nane • 1 Adet yumurta • 2 Çorba kaşığı beyaz peynir ya da lor peynir • Tuz • Alabildiği kadar un

YAPILIŞI

Kabakları rendeleyip, avucumuza alıp suyunu çıkartıyoruz. Sonra havucu rendeliyoruz. Üzerine ince doğranmış yeşil soğan veya ince doğranmış pırasa, maydanoz, dere otu, taze ya da kuru nane doğruyoruz. Yumurtayı kırıyoruz. Beyaz peynir ya da lor peynir, tuz ve karabiber koyuyoruz. İyi bir şekilde birbirine karışmasını sağlıyoruz. Karışımın üzerine yavaş yavaş un döküyoruz. Unla birlikte harcın kıvamlaşmasını sağlıyoruz. Kaşıktan dökülebilir kıvama getiriyoruz. Tavaya yağ koyuyoruz, kaşık kaşık döküp kızartıyoruz. Mücverin yanında sarımsaklı yoğurt servis edebiliriz. Ayrıca mücveri sadece kabaktan yapabiliriz.

Semizotlu Çipilhorta (4 kişilik)

• 1 Bağ semizotu • 1 Adet kabak • 1 Adet patates • 6 Adet yeşil soğan • 2 Adet domates • 100 gr Kıyma • 1 Tutam maydanoz • 1 Tutam dere otu • Zeytinyağı • Tuz • Karabiber • Su

YAPILIŞI

Semizotlarını ayıklayıp yıkadıktan sonra iri iri doğruyoruz. Tencereye zeytinyağını koyuyoruz. Yağı ısınınca kıymayı ilave ediyoruz, 1-2 defa çevirdikten sonra üzerine küp küp doğranmış patatesleri ilave ediyoruz. Patatesleri çevirdikten sonra küp küp doğranmış kabakları ilave ediyoruz. Biraz kavrulunca küp küp doğranmış domatesleri ilave ediyoruz. Semizotlarını da tencereye alıp karıştırıyoruz. Yeşil soğanları da doğrayıp semizotunun üzerine alıyoruz. Az miktarda su ilave ediyoruz. Sebze yemeklerinde çok su kullanmıyoruz.

Tuzunu ve karabiberini ekleyip kısık ateşte patatesler pişene kadar kaynatıyoruz. Kıvamını kontrol edip ocağı kapatıyoruz. Pişen yemeğimizin üzerine maydanoz ve dere otu serpiyoruz. Servise hazır hale getiriyoruz. Yemeğimizin yanında yoğurt servis ediyoruz.

Peynirli Kabak Sefası (4 kişilik)

• 3 Adet orta boy kabak • 1 Fincan beyaz peynir • 1 Adet domates • 1 Tutam maydanoz • Rendelenmiş kaşar peynir • Tuz • Çiçek yağı • Su

YAPILIŞI

Orta boy kabakları kabak çizeceği ile çiziyoruz. Her kabağı iri iri doğruyoruz. Doğradıktan sonra bir tarafını oyuyoruz. Kaynayan suyun içerisine kabakları bırakıyoruz. 3-4 dakika haşlıyoruz. Haşlanan kabakları fırın kabına alıyoruz. Diğer tarafta kabuğu soyulmuş küp küp doğranmış domates, beyaz peynir, maydanoz, fesleğen, tuz, az miktarda yağ ilave edip karıştırıyoruz. Bu harcı kabakların içine dolduruyoruz. İstenirse üzerine rendelenmiş kaşar peyniri koyabiliriz. 180 derecede 5-10 dakika fırında pişiriyoruz. Diğer tarafta birkaç domates rendeleyip tavanın içerisine alıyoruz. Sarımsakla birlikte kaynatıyoruz. Tuz, karabiber ilave edip servis tabağına yayıyoruz. Pişen kabakları sosun üzerine koyup servis ediyoruz.

Maka

rnalar

Patlıcan Soslu Makarna

• Yarım paket makarna • 2 Adet patlıcan • 6 adet büyük taze mantar • 3 Adet domates • 3 Diş sarımsak • Tuz • Karabiber • Fındık yağı • 1 Fincan rendelenmiş kaşar peyniri

YAPILIŞI

Tencereye su koyup kaynatıyoruz. İçine tuz, çiçek yağı ilave edip makarnamızı haşlıyoruz. Diğer tarafta patlıcanları alaca olarak soyuyoruz. Küp küp doğruyoruz. Üzerine tuz atıp 5 dakika bekletiyoruz. Yıkayıp süzüyoruz. Daha sonra kızartıyoruz. Kızaran patlıcanları havlu kağıdın içine alıyoruz. Diğer tarafta tavaya yağ koyuyoruz. İçine sarımsak, mantar koyup kavuruyoruz. Kabuğu soyulmuş domatesleri ilave ediyoruz. 3-4 dakika soteliyoruz. Eğer patlıcanları kızartmak istemezsek mantarlardan önce ilave ediyoruz. Tuz, karabiber ilave ediyoruz. Makarnaları haşlayıp, süzdükten sonra, sosla karıştırıyoruz. Üzerine rendelenmiş kaşar peyniri ile süsleyip, servise hazır hale getiriyoruz.

Kremalı Fetuçini Makarna

• Yarım paket makarna • 1 Çorba kasesi krema • 5 Adet kestane mantarı • 2 Diş sarımsak • 1 Kırmızı biber • 4 Adet yeşil soğan • 1 Tutam ıspanak yaprağı • Zeytinyağı • Tuz • Karabiber • Su

YAPILIŞI

Tenceremize su koyup kaynatıyoruz. İçine tuz, yağ ilave ediyoruz. Fetuçini makarnayı tencereye alıyoruz. Diğer tarafta mantarları doğruyoruz. Sarımsak ilave edip kavuruyoruz. Jülyen doğranmış kırmızı biberleri ilave ediyoruz. Yeşil soğanları, ıspanak yapraklarını ilave edip kavurmaya devam ediyoruz. Kremayı ilave ediyoruz. Tuz, karabiber ilave edip bir taşım kaynatıyoruz. Haşlanan makarnaları süzüp, kaynamakta olan sosun içine döküyoruz. 3-4 dakika sos ve makarnaları karıştırarak kaynatıp iyice yoğunlaşmasını sağlıyoruz. Üzerine rendelenmiş kaşar ya da permasan peyniri serpiyoruz.

Mantarlı Tagliatelle*

- Yarım paket tagretelli makarna • 8 Adet mantar (kestane veya kültür)
- 2 Adet yeşil soğan • 1 Adet kırmızı biber • 1,5 Su bardağı krema
- 1 Tatlı kaşığı toz safran (zerdeçal)
- Tuz • Değirmenden karabiber • Çiçek yağı
- Toz parmesan peyniri veya rendelenmiş kaşar peyniri
- Makarnayı haşlamak için su

YAPILIŞI

Tencereye su koyuyoruz. Tuz, yağ ilave edip kaynamaya bırakıyoruz. Toz safran ilave edip kaynayan suya makarnaları bırakıyoruz. Diğer tarafta tavamızın içine çiçek yağı koyuyoruz. Üzerine doğranmış sarımsak, kırmızı biber ve mantarı ilave edip kavrulmaya başlayınca karabiberi ilave edip kavuruyoruz. Üzerine yeşil soğan ilave edip bir süre daha kavuruyoruz. Kremayı ilave ediyoruz. Haşlanan makarnaları süzüp üzerinde soğuk su gezdiriyoruz. Hazırladığımız sosun içine döküp karıştırıyoruz. Tuz, karabiber ilave ediyoruz. Servis tabağına alıp üzerine istenirse rendelenmiş kaşar, toz permasan serpiyoruz. Servise hazır hale getiriyoruz.

Not: Makarnaların sarı renkli olmasını istiyorsak toz safran (zerdeçal) ilave edilir.

***TAGLİATELLE: Yaklaşık bir parmak eninde kesilmiş şeritlerden oluşan erişte türündeki italyan hamur işi. Genellikle rendelenmiş peynirle sunulur.**

Salamlı Brokolili Papadella Makarna

• Yarım paket papadella • 2 Diş sarımsak • 1 Çorba kasesi haşlanmış brokoli
• 3 Dilim ince kesilmiş salam veya jambon
• 1,5 Su bardağı krema • Tuz • Karabiber • Çiçek yağı
• Makarnayı haşlamak için su

YAPILIŞI

Makarnamızı haşlıyoruz. Diğer tarafta tavaya çiçek yağı koyuyoruz. Sarımsağı, brokoliyi soteliyoruz. Üzerine dilimlenmiş salamları ilave ediyoruz. Tercihe bağlı olarak jambon ya da tavuk eti kullanabiliriz. Biraz kavuruyoruz. Üzerine krema ilave ediyoruz. Tuz, karabiber serpiyoruz. Haşlanan makarnayı soğutup, süzüyoruz. Kaynayan kremanın üzerine makarnayı ilave edip birlikte bir süre daha kaynatıyoruz. Krema koyulaşınca makarnamızı servis tabağına alıp üzerine maydanoz, dereotu serpiyoruz. Servise hazır hale getiriyoruz.

Sebzeli Tavuklu Makarna

• 1 Kase makarna • 1 Parça tavuk göğsü • 1 Adet havuç • 4 Adet taze fasulye • 3 Çorba kaşığı soya sosu • 1 Tutam taze nane • Tuz • Zeytinyağı • Su

YAPILIŞI

Tencereye su koyup kaynatıyoruz. Tuz, yağ ilave ediyoruz. Suyun içine makarnaları bırakıp diğer tarafta tavanın içine yağ koyup jülyen doğranmış tavuk etlerini ilave ediyoruz. Kavrulan tavukların üzerine soya sosu ilave ediyoruz. Diğer tarafta tencereye su koyuyoruz. İçine tuz ilave edip jülyen doğranmış havuçları haşlıyoruz. Havuçları soğuk suya aldıktan sonra taze fasulyeleri haşlıyoruz. Haşlama işlemi bitince bütün sebzeleri süzüyoruz. Haşlanan erişteyi süzüp soğutuyoruz. Üzerine tavuk etlerini koyup havuçları, taze fasulyeyi diziyoruz. Üzerine ince doğranmış taze nane serpiyoruz.

Peynirli-Domatesli Fesleğenli Makarna

• Yarım paket makarna • 2 Adet domates • 1 Tutam taze fesleğen • 1 Fincan rendelenmiş beyaz peynir • Tuz • Karabiber • Zeytinyağı

YAPILIŞI

Tencereye su koyup kaynatıyoruz. Tuz ve yağ ilave edip makarnaları bırakıyoruz. Diğer tarafta kabukları soyulmuş domateslerin etli bölümünü küp küp doğruyoruz. Fesleğeni doğrayıp kabın içine alıyoruz. Üzerine tuz, karabiber, zeytinyağı koyup karıştırıyoruz. Haşlanan makarnaları soğutup, süzüyoruz. Servis edeceğimiz tabağa alıp sosu üzerine döküyoruz. Rendelenmiş beyaz peynir ya da kaşar peynir serpiyoruz.

Somonlu Tagliatelle Makarna

• Yarım paket tagliatelle makarna • 5 Dilim soman füme • 4 Adet taze kültür mantarı • 2 Diş sarımsak • 1 Tutam ıspanak yaprağı • 1 Su bardağı krema • Tuz • Karabiber • Zeytinyağı

YAPILIŞI

Tencereye su koyup kaynatıyoruz. Tuz, yağ ilave edip fetuçini makarnayı döküyoruz. Haşlanan makarnayı süzüyoruz. Tavanın içine yağ koyuyoruz. Üzerine sarımsak, mantar ilave edip kavuruyoruz. Daha sonra ıspanak yaprağı ilave ediyoruz. Krema, tuz, karabiber ilave ediyoruz. Makarnaları, füme somon ilave edip kaynatıyoruz. Üzerine parmesan peyniri veya rendelenmiş kaşar peyniri ile servise sunuyoruz.

Bolu Yöresi Cevizli Keşli Erişte

• 1 Çorba kasesi erişte • 4 Çorba kaşığı ceviz • 4 Çorba kaşığı rendelenmiş keş • 2 Çorba kaşığı tereyağı • 2 Çorba kaşığı çiçek yağı • Tuz • Su

YAPILIŞI

Tenceremize su koyup kaynatıyoruz. Kaynayan suya tuz ve yağ ilave ediyoruz. Erişteleri suya bırakıyoruz. Diğer tarafta keşi rendeliyoruz, cevizleri iri parçalar halinde kırıyoruz. Pişen erişteleri süzüyoruz. Servis tabağına önce keş ve ceviz karışımını sonrada erişteleri kat kat döküyoruz. Bu işlemi erişte ve karışımımız bitene kadar tekrarlıyoruz. Tavanın içine tereyağı ve çiçek yağı koyuyoruz. Üzerine cevizli keşi ilave edip kızartıyoruz. Eriştenin üzerine bu karışımı döküp servise hazır hale getiriyoruz.

Yoğurtlu Naneli Light Makarna

• Yarım paket kepekli makarna • 1 Çorba kasesi yoğurt • 1 Tutam taze nane • 2 Adet domates • 2 Diş sarımsak • 10 Adet taze fasulye • 1 Tatlı kaşığı çiçek yağı • Tuz • Yeteri kadar su

YAPILIŞI

Tencereye su koyuyoruz. Kaynayan suya tuz, yağ ilave ediyoruz. Kepekli spagettiyi suya döküyoruz. Haşlanınca soğutup, süzüyoruz. Makarnamızı servis tabağına alıyoruz. Diğer tarafta yoğurdu çırpma teli ile çırpıyoruz. İnce doğranmış taze nane, tuz karıştırıyoruz. Makarnamızın orta kısmına sosumuzu döküyoruz. Diğer tarafta kabuğu soyulmuş domatesleri rendeliyoruz. Tavanın içerisinde sarımsakla birlikte soteliyoruz. Bu sosu makarnanın üzerine döküyoruz. Taze fasulyeyi ince ince doğrayıp haşlıyoruz. Soğuk suya alıp bekletiyoruz. Süzüp makarnaya döküyoruz. Servise hazır hale getiriyoruz.

Sosisli Mayonezli Makarna

• Yarım paket boncuk makarna • 1 Çorba kasesi yoğurt • 1 Çorba kaşığı tepeleme mayonez • 3 Adet sosis • 1 Fincan doğranmış salatalık turşusu • 1 Adet havuç ince yerinden rendelenmiş • 1 Tutma dereotu • Karabiber

YAPILIŞI

Tencereye su koyup kaynatıyoruz. Tuz, yağ ilave edip makarnamızı koyuyoruz. Haşlanan makarnayı soğutup, süzüyoruz. Karıştırma kabına makarnamızı alıyoruz. Üzerine yoğurt, mayonez, ince doğranmış sosis, salatalık turşusu, rendelenmiş havuç, tuz, biber, dereotu ilave edip karıştırıyoruz. Üzerini süsleyerek servis ediyoruz.

Domatesli-Fesleğenli Makarna

• 1 Paket makarna • 4 Adet büyük boy domates
• 1 Tutam taze fesleğen • 4 Adet yeşil soğan
• Zeytinyağı • Tuz • Karabiber • Su

YAPILIŞI

Tenceremize su koyup kaynatıyoruz. İçine tuz, zeytinyağı ilave edip makarnaları dahil ediyoruz. Diğer tarafta kabukları soyulmuş domatesleri doğruyoruz. Bir tutam fesleğen, yeşil soğan doğruyoruz. Zeytinyağı ilave ediyoruz.
Tuz, karabiber ilave edip bir taşım kaynatıyoruz. Makarnaları soğutup süzüyoruz. Makarnaları sos tenceresine boşaltıp karıştırıyoruz. Üzerine tercihinize göre kaşar peyniri ya da beyaz peynir rendeleyip serpebilirsiniz.

Sebzeli Kanaloni

• 1 Paket içinde 15 yaprak lazanya hamuru • 1 Adet havuç
• 1 Adet kabak • 1 Adet kırmızı biber • 1 Adet pırasa • 1 Adet kuru soğan
• 3 Diş sarımsak • Tuz • Karabiber • Su • Çiçek yağı

Beşamel sos için

• 1,5 Çorba kaşığı un • 2,5 Su bardağı soğuk süt • Mısır özü yağı
• 1 Fiske rendelenmiş kaşar peyniri • Tuz • Muskat cevizi

YAPILIŞI

Tenceremize su koyup kaynatıyoruz. İçerisine tuz, yağ koyuyoruz. Lazanya hamurunu tencereye bırakıyoruz. Haşlanınca soğutup, süzüyoruz. Diğer tarafta havuç, kabak, biberi jülyen doğrayıp kuru soğanı ve sarımsağı da doğrayıp tencereye yağ koyup kavuruyoruz. Tuz, karabiber ilave ediyoruz. Lazanya yapraklarını tezgaha alıp içine bu harcı koyuyoruz. Sigara böreği şeklinde sarıyoruz. Yağlanmış fırın kabına diziyoruz. Diğer tarafta tencerenin içine mısır özü yağı koyuyoruz. Unu ilave edip kavuruyoruz. Üzerine soğuk süt döküyoruz. Kıvamı koyu ise sıcak süt ilave ediyoruz. Tuz ve muskat cevizi ilave ediyoruz. Lazanyaların üstüne döküyoruz. Üzerine rendelenmiş kaşar serpiyoruz. 170 derecede üzeri kızarana kadar fırında pişiryoruz.

Et
yemekleri

Pazı Dolması (5 kişilik)

• 1 Bağ pazı (taze olmalı) • 100 gr Kıyma • 2 Adet domates • 1 Adet kuru soğan • 3 Çorba karışığı pirinç • 1 Tutam maydanoz • 1 Tutam dereotu • 1 Tutam taze nane • Tuz • Karabiber • 1 Tatlı kaşığı un • 1 Çorba kaşığı domates salçası • Çiçek yağı • Su

YAPILIŞI

Kaynamış suya pazı yapraklarını batırıp çıkararak, yumuşamasını sağlıyoruz. Soğuk suya alıp soğutuyoruz. Süzüp istenilen boyutlarda pazıları kesiyoruz. Diğer tarafta karıştırma kabının içine kıyma koyuyoruz. Üzerine domatesi ve kuru soğanı ince ince doğruyoruz. Pirinci yıkıyoruz. Nane, karabiber ilave edip karıştırıyoruz. Kıvamı koyu olmuşsa biraz sıcak suyla yumuşatıyoruz. Pazıları sarıyoruz. Tencerenin alt kısmına domates kabukları, yeşillik kökleri döşüyoruz. Pazı dolmalarını diziyoruz. Üzerine unlu, domatesli sos ilave ediyoruz.

Sos: Bir tencerenin içine yağ koyuyoruz ve unu ilave edip biraz kavurduktan sonra salça koyup, karıştırıyoruz. Soğuk su ilave edip kaynatıyoruz (akıcı kıvamda olacak). Tuzunu da ayarlayıp, sosu dolmaların üstüne döküp, tabağı kapatıyoruz. Kısık ateşte pişiriyoruz. Yoğurtla birlikte servis ediyoruz.

Not: Yemeğin üzerine tabak kapatmamızın sebebi dolmaların dağılmamasıdır.

Kuzu Etli Kereviz (4 kişilik)

- 150 gr Kuzu eti
- 2 Adet büyük boy kereviz
- 10 Adet arpacık soğanı
- 2 Diş sarımsak
- 1 Tatlı kaşığı un
- Tuz • Çiçek yağı • Su

YAPILIŞI

Eti küçük parçalar halinde doğruyoruz. Tenceremize çiçek yağı koyuyoruz. Önce eti kavuruyoruz. Kavurduktan sonra içine arpacık soğanı ilave ediyoruz. Üzerine biraz sarımsak ve un ilave edip, kavuruyoruz. Üzerine soğuk su ilave ediyoruz. Etleri pişmeye bırakıyoruz. Diğer tarafta kerevizleri parmak şeklinde doğruyoruz. Etlerin pişmesine yakın kerevizleri ve tuzunu ilave ediyoruz. Servis tabağına alıp üzerine dere otu serpiyoruz.

Sandal Köfte (4 kişilik)

• 300 gr Kıyma • 1 Adet kuru soğan • 1 Adet yumurta • 2 Çorba kaşığı galeta unu • 1 Tutam maydanoz • Tuz • Karabiber • Kimyon

İç Harcı

• 12 Adet taze mantar • 2 Adet domates • 2 Adet sivri biber • 1 Adet kuru soğan • 2 Diş sarımsak • 1 Tatlı kaşığı salça • Tuz • Karabiber • Kekik • 1 Tutam maydanoz • Rendelenmiş kaşar peyniri

YAPILIŞI

Kıymayı karıştırma kabının içerisine alıyoruz. Yumurta, az miktarda galeta unu, bir tutam maydanoz, tuz, karabiber ve kimyon ilave edip karıştırıyoruz. Bir yumurta büyüklüğünden daha küçük kıyma kopartıp yuvarlıyoruz ve gondol şekli veriyoruz. Fırın kabının içerisine diziyoruz. 160 derecede yarı pişmiş kıvama gelene kadar kızartıyoruz. Mantarları, kuru soğanı ve sarımsağı doğruyoruz. Yeteri kadar tuz koyup karıştırıyoruz. Üzerine sivri biberleri ilave edip kavuruyoruz. Daha sonra domates ilave ediyoruz. Salçasını, biberini, kekiğini ve suyunu ilave edip kaynatıyoruz. Harcımızı süzdürüyoruz ve içerisine maydanoz doğruyoruz. Harcımızı köftenin içine dolduruyoruz. Üzerine ayırmış olduğumuz mantar suyunu koyuyoruz. Onunda üzerine rendelenmiş kaşar peyniri koyup 160 derecede pişiriyoruz. Servis tabağına alıyoruz.

Soğanlı Mantarlı Kuzu Pirzola (3 kişilik)

• 9 Kalem kuzu pirzola • 2 Adet kuru soğan • 8 Adet taze kültür mantarı • 1 Adet domates • 2 Adet yeşil biber • 2 Adet orta boy patates (haşlanmış) • 2 Diş sarımsak • Tuz • Karabiber • Kekik • Çiçek yağı

YAPILIŞI

Haşlanmış patatesleri küp küp doğruyoruz. Tavanın içine biraz çiçek yağı koyup kızdırıyoruz. Üzerine patatesleri ilave ediyoruz, beş dakika kavuruyoruz. Tuzunu, karabiberini, pul biberini koyup altını kapatıyoruz. İlk sıcaklığı çıkınca ince doğranmış maydanoz serpip karıştırıyoruz. Diğer tarafta pirzolaları kekik, karabiber, tuz ile lezzetlendiriyoruz. Tavaya çiçek yağı koyup orta ateşte etleri pişiriyoruz. Etleri tavadan alıyoruz aynı tavaya soyulmuş ortadan ikiye bölünmüş soğanları orta bölümleri tavaya gelecek şekilde koyuyoruz. Kızarmaya başlayınca tavayı sallıyoruz. Soğanların katlarının birbirinden ayırıyoruz. Biraz daha kavuruyoruz. Soğanların diriliği kaybolunca servis tabağına alıyoruz. Aynı tavada dörde bölünmüş mantarları az sarımsak ile soteliyoruz. Biberini, domatesi de ufak parçalar halinde doğrayıp tavaya dahil ediyoruz. Tuzunu biberini ilave edip, soğanların içine dolduruyoruz. Servis tabağının içine patatesleri, soğanları ve pirzolaları istediğimiz kadar koyup servis yapıyoruz.

Mercimek Köftesi (6 kişilik)

• 2 Su bardağı kırmızı mercimek • 1 Su bardağı ince bulgur • Limon suyu • 1 Adet kuru soğan • 1 Adet domates • 1 Çorba kaşığı salça • 6 Adet yeşil soğan • Maydanoz • Çiçek yağı • Tuz • Karabiber • Pul biber

YAPILIŞI

Kırmızı mercimeği yıkadıktan sonra üzerine bir parmak geçecek şekilde su koyup haşlıyoruz. Haşladıktan sonra bulgur ilave edip karıştırıyoruz. Kapağı kapatıp 10 dakika dinlendiriyoruz. Diğer tarafta tavaya yağ koyuyoruz. İnce doğranmış soğanları ilave edip kavuruyoruz. Salça, domates koyup biraz daha kavuruyoruz. Biraz soğuduktan sonra demlenmiş olan mercimeklerin üzerine bu harcı koyuyoruz. İnce doğranmış yeşil soğan, maydanoz, tuz, karabiber, pul biber, az limon suyu koyup karıştırıyoruz. Çiğ köfte gibi sıkıp yeşilliklerle birlikte servis ediyoruz.

Mantarlı Rulo Biftek (4 kişilik)

• 250 gr Dana biftek • 1 Adet orta boy kuru soğan • 3 Diş sarımsak • 10 Adet taze mantar veya konserve mantar • 1 Adet kırmızı biber • 1 Tutam ıspanak yaprağı • Zeytinyağı • 1 Adet domates • 1 Diş sarımsak • Kekik • 1 Tutam maydanoz • Tuz • karabiber

YAPILIŞI

Biftekleri döverek inceltiyoruz. Tuzu ve biberini atıp bekletiyoruz. Tavanın içerisine zeytinyağı koyuyoruz. Üzerine kuru soğan, mantar, doğranmış kırmızı biber, sarımsak ilave edip kavuruyoruz. Son olarak ıspanak yaprağını ilave edip, tuzunu, biberini koyuyoruz. Bifteklerin içine harcımızı koyuyoruz. Rulo halinde sarıyoruz. Kürdan yardımıyla her ruloya 3-4 yerinden tutturuyoruz. Tavanın içerisine bir miktar yağ koyup kızartıyoruz.

180 derecede fırında pişirmeye bırakıyoruz. 10 dakika sonra çıkarıyoruz. Dilimler halinde kesip servis yapıyoruz.

Garnitür: Halka soğan, kırmızı biber ve sarımsak sotesi kullanılabilir.

Püreli Rosto

• 1 kg sığır eti • 5 çorba kaşığı margarin • 3 diş sarmısak • 1 kg patates • 2 baş soğan • 1 baş orta boy havuç • 1 defne yaprağı • 1 çay bardağı süt • 3 domates (veya 1 çorba kaşığı domates salçası) • Tuz • Karabiber

YAPILIŞI

Kemiksiz sığır etini, birkaç yerinden çatalla delin, lezzeti vermesi için 3 kaşık margarinde çevirerek kızartın. Soğanları, parça havucu, sarımsakları, karabiberi, tuzu, defne yaprağını katarak kızartmaya 5 - 6 dakika kadar daha pişirmeye devam edin. Sonra domatesleri katın, karıştırarak domatesleri eritin, iki bardak kadar sıcak su koyup orta ateşte et iyice yumuşayıncaya kadar pişmeye bırakın.

Etler pişince patatesleri soyup küçük doğrayarak bir tencereye alın. Etin suyunu süzerek patateslere katın, sıcak su ilave edip haşlayın, süzüp kevgirde ezip püre haline getirin, kalan iki kaşık yağı ekleyip, hafif ateş üzerinde çatalla karıştırarak 5-6 dakika pişirin, ılık sütü katıp biraz karıştırıp bir kenara alın, eti dilim dilim kesip püre ile süsleyebilirsiniz.

Elbasan Tava (6 kişilik)

• 500 gr Kuzu eti (iri parçalı) • 2 Adet kuru soğan • 1 Su bardağı un • 1 Su bardağı yoğurt • 2 Adet yumurta • 1 Çay bardağı etin suyundan • Tuz • Karabiber • Kekik • Pul biber • Çiçek yağı

YAPILIŞI

Etleri önce biraz kavuruyoruz daha sonra biraz iri doğranmış kuru soğanı ilave edip kavuruyoruz. Bu işlem devam ederken suyunu tuzunu ilave edip düdüklü tencerede pişiriyoruz. Etin suyundan bir çay bardağı alıp hazırlayacağımız sos kabına döküyoruz. Soğuduktan sonra üzerine yoğurdu, yumurtayı, unu, tuzu koyup karıştırıyoruz. Etleri fırın kabına alıyoruz üzerine kekik pul biber serpiyoruz ve hazırladığımız sosu etlerin üzerine döküyoruz. 180 derecede fırında üzeri kızarana kadar pişiriyoruz.

Yufkalı Köfte (10 kişilik)

• 500 gr.Kıyma • 1 Adet kuru soğan • 1 Çay bardağı galeta unu • 3 Çorba kaşığı çekilmiş ceviz • 2 Çorba kaşığı tane yeşil fıstık • 2 Adet Yufka • Tuz • Karabiber

Sos için

• 10 Adet mantar • 2 Adet domates • Tuz • Karabiber

YAPILIŞI

Kıymayı karıştırma kabına alıyoruz. Üzerine bayat ekmeği, rendelenmiş soğanı, cevizi, fıstığı, tuzunu, karabiberini koyup yoğuruyoruz. Kıvamı katı olursa bir miktar su ile yumuşatıyoruz. Köfte harcını ikiye bölüyoruz. Yufkayı tezgaha açıyoruz. Bir yumurtayı çırpıp yufkaya sürüyoruz. Bir ucundan tutup yufkayı içe doğru katlıyoruz. Üzerine köfteyi rulo yapıp koyuyoruz. Sağ ve sol kanatlarını içe doğru katlıyoruz ve tekrar yumurta sürüyoruz. Sıkı sıkı köftemizi rulo yapıyoruz. İstenirse kesmeden önce üzerine yumurta sürüyoruz. Bir parmak kalınlığında kesip tepsiye diziyoruz. 180 derecede pişiriyoruz. Diğer tarafta sosunu hazırlıyoruz. Mantarları çiçek yağında biraz kavuruyoruz. Domatesi ilave edip suyunu çekince, tuzunu, karabiberini ilave edip kaynatıyoruz. Pişen köfteleri servis tabağına alıyoruz. Üzerine sosu döküp servis yapıyoruz.

Ali Nazik (4 kişilik)

• 3 Adet patlıcan • 200 gr Kuz eti (but kısmından) • 3 Adet domates
• 2 Adet yeşil biber • 1 Çorba kaşığı yoğurt • 4 Diş sarımsak
• 1 Çorba kaşığı tereyağı • 1 Çay kaşığı toz kırmızı biber
• Çiçek yağı • Tuz • Kekik

YAPILIŞI

Patlıcanları közleyip kabuklarını soyuyoruz. İri parçalar halinde doğruyoruz. Diğer tarafta kuzu etlerini yaprak şeklinde kesiyoruz. Etleri kızartıyoruz. Etlerin üzerine tereyağı ve toz kırmızı biber serpiyoruz. Tuz, kekik, dilim domates ve yeşil biber ilave edip çeviriyoruz. Patlıcanları servis tabağına alıp üzerine yoğurt ilave ediyoruz. Pişirdiğimiz etleri yanlarına ve üzerine diziyoruz. Kalan tereyağını yemeğimizin üzerinde gezdiriyoruz. Maydanozla süsleyip servis ediyoruz.

Izgara Sebzeli Yoğurtlu Kebap

• 300 gr Kuzu eti • 1 Adet kabak • 1 Adet patlıcan • 1 Adet havuç • 1 Adet kuru soğan • 1 Adet kırmızı biber • 1 Adet dolmalık biber • 1 Adet domates • 1 Tutam fesleğen • 1 Çay bardağı zeytinyağı • Tuz • Karabiber • Kekik • Pul biber

YAPILIŞI

Patlıcanları kabuklu şekilde verev verev (yan yan) doğruyoruz. Havucu soyup, kabakla birlikte doğruyoruz. Hepsini bir araya alıyoruz. Üzerine fesleğen, tuz, karabiber, zeytinyağı döküp karıştırıyoruz. Sebzeleri ızgarada kızartıyoruz. Kızaran sebzeleri servis tabağına alıyoruz. Kırmızı biberi dörde bölüp kızartıyoruz. Kuru soğanı da kızartıyoruz. Kuzu etlerini parmak boyunda doğruyoruz. Tavanın içerisine zeytinyağı koyup kızartıyoruz. Tuzu ve biberi ilave ediyoruz. Üst üste dizdiğimiz sebzelerin üzerine yoğurt döküyoruz. Etleri üzerine diziyoruz. Kabuğu soyulup doğranmış domatesleri fesleğen, zeytinyağı, kekik, pul biber, karabiber ve tuzla birlikte soteliyoruz. Etlerin üzerine döküyoruz ve servise hazır hale getiriyoruz.

Patlıcanlı Köfte (4 kişilik)

• 300 gr Köftelik kıyma • 1 Adet orta boy kuru soğan • 2 Diş sarımsak • 1 Adet yumurta • 1 Fincan robottan çekilmiş bayat ekmek • 1 Tutam maydanoz • 1 Adet domates • 1 Adet yeşil biber • 1 Tatlı kaşığı salça • Tuz • Karabiber • Kekik • Kimyon • Çiçek yağı • Su

YAPILIŞI

Karıştırma kabının içerisine kıymayı alıyoruz. Üzerine kuru soğanı, sarımsağı rendeliyoruz. Yumurta ve bayat ekmeği ilave ediyoruz. Tuz, biber, kimyon ilave edip yoğuruyoruz. Yuvarlayıp az yağda ya da yağlanmış fırın tepsisinde pişiriyoruz. Diğer tarafta orta boy patlıcanı 5-6 dilime bölüp, kızartıyoruz. Havlu kağıda alıp patlıcanların yağını alıyoruz. Yağı süzülen patlıcanların ortasına köfteleri koyup sarıyoruz. Fırın kabına dizip, üzerine dilim domates, biber diziyoruz. İstenirse kürdanla tutturabiliriz.

Sos: Tenceremize yağ koyuyoruz. Sarımsak ve salça ilave edip kavuruyoruz. Su ilave edip kaynatıyoruz. Kıvamını ayarlayıp patlıcanların üzerine döküyoruz. 180 derecede fırında pişiriyoruz. Servise hazır hale getiriyoruz.

Hasan Paşa Köftesi (8 kişilik)

• 500 gr Köftelik kıyma • 1 Adet kuru soğan • 1 Tutam maydanoz • 1 Adet yumurta • 2 Diş sarımsak • 1 Tatlı kaşığı kimyon • 1 Kase bayat ekmek • Tuz • Karabiber • Kekik

Sos için

• 1 Çorba kaşığı tepeleme un • Yeteri kadar su • Çiçek yağı • Tuz • 2 Çorba kaşığı domates veya biber salçası

Patates püresi için

• 2 Adet büyük boy patates • Alabildiği kadar sıcak süt • Yarım çay bardağı çiçek yağı • Tuz

YAPILIŞI

Karıştırma kabının içerisine kıymayı alıyoruz. Üzerine bir tutam maydanoz, rendelenmiş kuru soğan, sarımsak, kimyon, bayat ekmek, karabiber, tuz, kekik, yumurta koyup, yoğuruyoruz. Harcımızı yumurta büyüklüğünde parçalara ayırıp, yuvarlayıp ortasını açıyoruz. Yağlanmış fırın tepsisine dizerek köfteleri öncelikle fırında pişiriyoruz.

Patates püresi için: Patatesleri ince ince doğruyoruz. Patateslerin üzerine çıkacak kadar su ilave ederek haşlıyoruz, haşlandıktan sonra tel süzgeçte süzüyoruz. Suyu süzülen patatesleri haşladığımız tencereye geri alıyoruz Çırpma teliyle karıştırıyoruz. İçine çiçek yağı, sıcak süt ve tuz ilave ediyoruz. Kısık ateşte kaynatıyoruz. Kaynamayla birlikte kıvamını ayarlıyoruz. Normalinden biraz sert olması gerekiyor. Hazırladığımız püreyi köftelerimizin içine şanti torbasıyla sıkıyoruz.

Sos: Tencereye çiçek yağı koyuyoruz. Un ilave edip kavuruyoruz. Salça ilave ediyoruz. Üzerine soğuk su koyup kaynatıyoruz. Sosu köftelerin altına döküyoruz. 180 derecede 10 dakika bekletiyoruz. İnce doğranmış maydanoz, domates ve biberle süsleyerek servis yapıyoruz.

Cevizli Pırasa Köftesi (6 kişilik)

• 1 kg Pırasa • 250 gr Kıyma • 1 Çorba kasesi ceviz içi • 2 Adet yumurta • Un • Tuz • Karabiber

YAPILIŞI

Pırasaları halka olarak ince doğruyoruz. Harlı kaynayan suda 10 dakika haşlıyoruz. Haşlanan pırasaları süzgeç yardımıyla süzüyoruz. Soğuk olarak robota pırasaları, kıymayı, cevizi, karabiber ve tuzu koyup karıştırıyoruz. Oluşan harcımıza köfte şekli verip önce una sonra çırpılmış yumurtaya batırıp, yağda kızartıyoruz. Yeşillikler üzerinde servis ediyoruz.

Saksı Kebabı (6 kişilik)

• 4 Adet kemer patlıcan • 200 gr Kuzu eti • 6 Adet kültür mantarı • 1 Adet kuru soğan • 2 Adet domates • 2 Adet sivri biber • 1 çay bardağı rendelenmiş kaşar peyniri • 1 Çorba kaşığı salça • 1 Tutam maydanoz • Fındık yağı • Tuz • Karabiber

YAPILIŞI

Patlıcanları alaca soyuyoruz. İki parmak kalınlığında kesiyoruz. Bıçak yardımıyla üst kısmını boşaltıyoruz. Patlıcanların tamamını bu şekilde kestikten sonra biraz yağ, tuz, karabiber ilave edip karıştırıyoruz, fırın tepsisine dizip 200 derecelik fırında kızartıp, sonra fırına dayanıklı bir kaba alıyoruz.
Tenceremizin içine önce yağı koyuyoruz. Etler kavrulunca soğanı ve mantarı ilave ediyoruz. Birlikte biraz daha kavuruyoruz. Biberi, domatesi ve salçayı koyup karıştırıyoruz. Tuzu, biberi, suyu koyup etleri pişmeye bırakıyoruz. Etler pişince, doğranmış maydanozu ilave edip karıştırıyoruz. Fırında pişirdiğimiz patlıcanların içine dolduruyoruz. Üzerine domates, biber, kaşar peynir koyuyoruz. 180 derecede pişiriyoruz. Özbek pilavıyla servis yapabilirsiniz.

Paneli İçli Köfte (8 kişilik)

• 250 gr Kıyma • 1 Adet kuru soğan • 1 Su bardağı çekilmiş ceviz • 1 Su bardağı ince bulgur • 1 Çorba kaşığı salça • 3 Adet yufka • 1 Tutam maydanoz • Tuz • Karabiber • Pul biber • Kimyon

YAPILIŞI

Tavada kıymayı, soğanı kavuruyoruz ve soğumaya bırakıyoruz. Sıcak suyla ince bulguru ıslatıyoruz. 5 dakika kadar süzüyoruz. Kıymanın üzerine döküyoruz. Cevizi, salçayı, maydanozu, tuzu ve baharatları ilave edip karıştırıyoruz. Yufkayı sekiz parçaya bölüyoruz. Hazırladığımız harcı 2 parmak kalınlığında sarıyoruz, uçlarını yumartaya batırıp, yapışmasını sağlıyoruz.
Ayrı bir tabağın içerisinde 1 yumurta ve 1 çay bardağı sütlü çırpıp, hazırlıyoruz. İçli köftemizi önce sütlü karışıma batırıyoruz. Sonra galeta ununa batırıp, bol yağda kızartıyoruz. Domates dilimleriyle servis yapıyoruz.

Dalyan Köfte (8 kişilik)

- 500 gr Kıyma - 1 Adet rendelenmiş kuru soğan - 1 Adet yumurta
- 1 Fincan robottan çekilmiş bayat ekmek - 1 Adet haşlanmış havuç
- 1 Adet haşlanmış yumurta - 1 Çorba kaşığı bezelye
- Köftenin üzerine sürmek için bir adet yumurta

Patates püresi için

- 4 Adet orta boy patates - 1,5 Su bardağı sıcak süt
- Yarım çay bardağı çiçek yağı

Kekikli domates sos

- 1 Adet domates - 1 Çorba kaşığı domates salçası - 2 Diş sarımsak
- 2 Tatlı kaşığı kekik - Yeteri kadar su - Tuz - Karabiber

YAPILIŞI

Karıştırma kabının içine kıymayı alıyoruz. Yumurta, bayat ekmek, tuz karabiber, kimyon ilave edip yoğuruyoruz. Kıymamızı rulo haline getiriyoruz. Elimizi ıslatarak kıymamızın ortasını yavaş yavaş açıyoruz. İçerisine haşlanmış havucu ikiye veya dörde bölerek yerleştiriyoruz. Haşlanmış yumurtayı dörde veya altıya bölerek yerleştiriyoruz. Daha sonra bezelyeleri ilave ediyoruz. Kıymamızın iç harcını biraz bastırarak kapatıyoruz. İki ucun birbirine kaynamasını sağlıyoruz. Kıymamızın kapattığımız kısmı alta gelecek şekilde fırın tepsisine alıyoruz. Elimizi ıslatarak köftemizi düzeltip, çırpılmış yumartayı sürüp 170 derecede 45-50 dakika pişiriyoruz.

Patates püresi: Patatesleri doğruyoruz ve haşlıyoruz. Haşladıktan sonra süzüp, tencereye alıyoruz. Patatesleri eziyoruz. Üzerine sıcak süt ilave ediyoruz. Yağ, tuz ilave edip çırpma teliyle karıştırıp kaynatıyoruz. Kıvamını ayarlıyoruz.

Sos: Tavamızın içine yağımızı koyup sarımsağı ilave ediyoruz. Kabukları soyulmuş küp küp doğranmış domatesleri ve salçayı ilave edip kavuruyoruz. Tuz, biber, su ilave edip kaynamaya bırakıyoruz. Kıvamını ayarlıyoruz. Fırından çıkardığımız köftemizi halkalar halinde kesiyoruz. Patates püresi ve sosumuzu koyup servise hazır hale getiriyoruz.

Hünkar Beğendi (6 kişilik)

• 250 gr Dana eti • 3 Adet büyük boy kemer patlıcan
• 1 Adet kuru soğan • 2 Adet domates • 3 Adet sivri biber
• 1 Tatlı kaşığı domates salçası • Su • Tuz • Çiçek yağı • Karabiber

Beğendisi için

• Közlenmiş patlıcan • 2 Çorba kaşığı un • 2 Su bardağı soğuk süt
• 1 Fincan rendelenmiş kaşar peyniri • Tuz • Karabiber • Çiçek yağı

YAPILIŞI

Dana veya kuzu etlerini küp küp doğruyoruz. Tenceremize koyduğumuz yağda kavuruyoruz. Üzerine kuru soğan ilave edip kavurmaya devam ediyoruz. Daha sonra salça ve sıcak su ilave edip etleri pişmeye bırakıyoruz. Pişmeye yakın sivri biber ve domates ilave ediyoruz. Tuzunu, karabiberini ilave ediyoruz.

Beğendisi: Patlıcanları közlüyoruz. Kabuklarını soyup patlıcanları küçük küçük doğruyoruz. Tencereye çiçek yağı koyuyoruz. İçerisine un ilave edip kavuruyoruz. Patlıcanları unun içerisine alıp, biraz daha kavuruyoruz. Soğuk süt ilave edip karıştırıyoruz. Tuz ve karabiberini ilave ediyoruz. Kaşar peynir ilave ediyoruz. Kıvamını ayarlamak için süt veya sıcak su kullanıyoruz. Servis tabağına alıp ortasını çukur haline getiriyoruz. Bu çukur kısma etli harcı dolduruyoruz. Servise hazır hale getiriyoruz.

TaVuk

yemekleri

Tavuklu Kereviz (4 kişilik)

• 2 Adet büyük boy kereviz • 2 Parça tavuk göğsü
• 1 Adet orta boy kuru soğan • 2 Diş sarımsak • 2 Adet yeşil biber
• 2 Adet domates • Çiçek yağı • Yarım limon

Beşamel sos için

• 1 Su bardağı süt (soğuk) • 1 Tatlı kaşığı tepeleme un • Karabiber
• 2 Çorba kaşığı çiçek yağı • Tuz • Rendelenmiş kaşar peyniri

YAPILIŞI

Kerevizler ortadan ikiye bölünüp kabukları soyulacak ortası biraz çukurlaştırılacak kararmaması için unlu limonlu suda bekletilmeli. Kerevizleri ayrı tencerede su, limon suyu, çiçek yağı, tuz koyup kerevizleri suyun içine alıyoruz ve pişiriyoruz. Tavaya biraz çiçek yağı koyup ince doğranmış soğanı sarımsağı alıyoruz. İki dakika kadar kavurup küp parçalar şeklinde doğranmış tavuk etlerini tavaya alıyoruz. Hep birlikte 5-6 dakika kavurup üzerine ince doğranmış yeşil biberi ve domatesi de ilave edip kısık ateşte bir taşım kaynatıyoruz ve altını kapatıyoruz.

Beşamel sos: Tencereye çiçek yağı koyuyoruz. Ocağın altını yakıyoruz unu yağın üstüne döküyoruz orta hararetli ocak ateşinde 2 dakika unu çırpma teliyle sürekli karıştırıyoruz. Üzerine soğuk sütü döküyoruz karıştırmaya devam ediyoruz. Kaynayınca kıvamını kontrol ediyoruz. Çok koyu olmuşsa kerevizi pişirdiğimiz sudan koyup kıvamını akıcı hale getiriyoruz. Son aşama fırın kabına kerevizleri susuz olarak alıyoruz. Üzerine sotelediğimiz tavuklu harcı dolduruyoruz. Onunda üzerine kaşıkla beşamel sosu her kerevizin üstüne iki kaşık döküyoruz. Her birinin üzerine az miktarda rendelenmiş kaşar peyniri koyuyoruz. 170 derecede kaşarlar kızarıncaya kadar tutuyoruz. Yemeği tabağa alınca üzerine ince doğranmış kereviz yaprakları serpiştiriyoruz.

Tavuklu Bamya Güveçte

• 1 Adet normal büyüklükte tavuk göğsü • 200 gr Taze bamya • 4 Adet domates • 2 Adet kuru soğan • 2 Adet kırmızı biber • 1 Adet havuç • Tuz • Çiçek yağı • Su

YAPILIŞI

Tavuk göğsünü küp küp doğruyoruz. Tenceremizin içerisine yeteri kadar yağ koyuyoruz. Tavuk göğüslerini ilave ediyoruz. Hemen peşinden soğanları ilave ediyoruz ve bir süre kavuruyoruz. Güvecimizin alt kısmına tavuk göğsünü yayıyoruz. Üzerine önceden ayıklanmış bamyaları diziyoruz. Bamyaların üzerine havuç ve yeşil biberleri diziyoruz. Üzerine bolca domates doğruyoruz. Tuzunu ve bir miktar suyunu ilave ediyoruz. Güvecimizin kapağını kapatıp önce ocakta 3-4 dakika kaynatıyoruz. Daha sonra 170 derecelik fırında pişmeye bırakıyoruz. Yemeğimiz pişince servise hazır hale getiriyoruz.

NOT: Bamyaların sünmemesi için tuz, limon suyu, sirke ile ovulur, 10 dakika bekletilir ve yıkanır. Mutfağımızda güveç yoksa yerine fırın kabı veya tencere kullanmak mümkündür.

Hindi Prenses

- 300 gr Hindi göğsü • 1 Adet haşlanmış havuç
- 1 Adet yeşil biber • 1 Tutum ıspanak • 1 Adet domates
- 2 Diş sarımsak • 1 Tatlı kaşığı salça • Tuz • Karabiber • Çiçek yağı • Su

Beşamel sos için

- 2 Çorba kaşığı silme un • 1 Su bardağı soğuk süt
- Tuz • Karabiber • Çiçek yağı

YAPILIŞI

Hindi etine tuz ve biber ilave ederek tavada kızartıyoruz. Sonra fırın tepsisine alıyoruz. Üzerine soğan ve sarımsakla sotelediğimiz ıspanak yapraklarını yayıyoruz. **Beşamel Sos:** Tencerenin içine yağ koyup un ilave ediyoruz. Unu kavuruyoruz soğuk süt ilave ediyoruz. Tuz ve karabiber ilave edip kıvamını koyu tutuyoruz. Şanti torbasıyla Ispanaklı harcın üzerine hazırladığımız sosu sıkıyoruz. Haşladığımız havucu slays olarak kesip beşamel sosunun üzerine diziyoruz. Diğer tarafta tenceremize yağ koyup sarımsak, domates ve salça ilave edip bir sos hazırlıyoruz. Bu sosu etlerin alt kısmına gelecek şekilde döküyoruz. 180 derecede 10 dakika pişiriyoruz.

Tavuk İncik Haşlama

• 6 Adet tavuk incik veya baget • 2 Adet küçük boy kuru soğan • 2 Adet orta boy havuç • 2 Adet küçük boy patates • Fındık yağı • 2 Adet defne yaprağı • Tuz • Yeteri kadar su

YAPILIŞI

İncikleri tencereye alıyoruz. Üzerine su koyup ocağın altını yakıyoruz. İncikler kaynamaya başlayınca ocağı altını kapatıyoruz. İncikleri süzüp derilerini alıyoruz. Teflon tencerenin içine fındık yağı koyuyoruz. Parmak şeklinde havuç ve soğanı doğrayıp ilave ediyoruz. 2-3 dakika kavuruyoruz. Üzerine incikleri dahil ediyoruz. 2-3 dakika daha kavuruyoruz. Yeteri kadar suyunu ilave ediyoruz. İçerisine defne yaprağı koyuyoruz. Kapağını kapatıp kaynamaya bırakıyoruz. Haşlamamız kaynamaya başlayınca üzerinde oluşan köpüğü mutlaka alıyoruz. Havuçlar ve tavuklar yarı pişmiş kıvama gelince parmak şeklinde doğranmış patatesleri ilave ediyoruz Tuzunu ilave edip suyunu ayarlıyoruz. Pişince servis tabağına alıyoruz. Üzerine maydanoz ve limon suyu ilave ediyoruz.

Limon Soslu Piliç

• 1 Bütün tavuk göğsü (derisiz, kemiksiz) • 1 Tutam fesleğen • 1 Adet limon (kabuğu rendelenmiş, suyu sıkılmış) • Tuz • Karabiber • Çiçek yağı

YAPILIŞI

Derisiz ve kemiksiz tavuk göğsünü yaprak yaprak 7-8 parçaya kesiyoruz. Limonun kabuğunu rendeliyoruz, yarısının suyunu sıkıyoruz, geniş bir kaba bir tutam taze fesleğen doğruyoruz. Değirmenden karabiber çekiyoruz. Tavuklarda kullanacağımız kadar çiçek yağı döküyoruz. Tavuk göğüslerini bu sosun içine döküp karıştırıyoruz. Yaklaşık 1 saat kadar bekletiyoruz. Tavamızın içerisine az miktarda yağ koyuyoruz ve tavuk etlerimizi kurutmadan orta hararetli ateşte pişiriyoruz. Servis tabağımıza alıyoruz. Yanında yeşilliklerle servis ediyoruz.

NOT: Taze kekik konulabilir.
Yeşilliklerle veya domates soslu erişte ile servis edebilirsiniz.

Ispanaklı Piliç Göğsü

• 2 Adet derisiz ve kemiksiz tavuk göğsü • 250 gr Ispanak • 1 Adet kuru soğan • 2 Diş sarımsak • Tuz • Karabiber • 1 Adet kırmızı biber • Fındık yağı • Garnitür (1 Adet havuç, 6 Adet taze fasulye)

YAPILIŞI

Tavuk göğsünü ortadan ikiye ayırıyoruz. Pirzola demiriyle yoksa bir şişeyle dövüyoruz. Diğer tarafta tavaya fındık yağı koyup içine doğranmış soğan, sarımsak, biberi ilave edip kavuruyoruz. Ispanakla birlikte tuz, karabiberi koyuyoruz. Kısa bir süre tava içerisinde kavuruyoruz. Kavurduktan sonra tavuk göğsünün içine tuz ve biber ilave ediyoruz. Harcı tavuk göğsünün bir bölümüne koyup rulo yapıyoruz. Fırın kabının içerisine alıyoruz. Bitiş noktası alt kısma gelecek şekilde koyuyoruz. Diğer tarafta bir kasenin içerisine biraz tuz, yağ, toz kırmızı biber karıştırıyoruz. Bu harcı tavukların üzerine sürüyoruz. 180 derece fırına gönderiyoruz. Yaklaşık 20-25 dakika pişiriyoruz. Fırından çıkarınca dilim dilim kesip servis tabağına alıyoruz. Yanında garnitür olarak haşlanmış havuç ve taze fasulyeyle servis yapıyoruz.

Tavuklu Babucaki

• 2 Adet orta boy kemer patlıcan • 1 Adet tek parça tavuk göğsü • 4 Adet büyük kestane veya kültür mantarı • 1 Adet kuru soğan • 2 Diş sarımsak • 1 Adet domates • 1 Adet yeşil biber • 1 Çorba kasesi krema • Tuz • Karabiber • Zeytinyağı • 1 Tutam maydanoz

YAPILIŞI

Tavuk göğsünü ve kuru soğanı olabildiğince küçük doğruyoruz. Kültür mantarlarını ve sarımsağı da doğradıktan sonra. Tenceremize zeytinyağı koyuyoruz. Önce kuru soğanı ilave edip kavuruyoruz. Tavuk etiyle birlikte doğranmış mantarları ve sarımsağı ilave edip kavuruyoruz. Üzerine krema, tuz ve karabiber ilave ediyoruz. Yaklaşık 2-3 dakika kısık ateşte kaynatıyoruz. Krema yoğunlaşmaya başlayınca ocağın altını kapatıyoruz. Diğer tarafta kemer patlıcanları közlüyoruz. Dış kabuklarının kolayca soyulmasını sağlayacak dereceye gelene kadar közlüyoruz. Kabuklarını soyup ortadan ikiye bölüyoruz. Bir kap içine alıyoruz. Bıçakla karın kısmını açıyoruz içine tuz ve şeker ilave edep harcımızı dolduruyoruz. Üzerine küçük parçalar halinde kesilmiş domates, biber ilave ediyoruz. 160 derece fırında pişiriyoruz. Servis tabağına alıp ince doğranmış maydanoz serpip servis ediyoruz.

Tavuklu Pırasa Dolması (4 kişilik)

• 3 Adet büyük boy pırasa • 4 Çorba kaşığı pirinç • 100 gr Tavuk kıyması • 1 Adet kuru soğan • 2 Adet domates • 1 Tutam maydanoz • 1 Tutam dere otu • 1 Çorba kaşığı biber veya domates salçası • 1 Tutam taze nane • 1 Tatlı kaşığı un • Tuz • Karabiber varsa köri • Su

YAPILIŞI

Pırasaları orta parmağımızın boyunda kesiyoruz. Pırasalarımızı katlarından çıkmasını sağlıyoruz. Diğer tarafta tavuk kıymamızın üzerine ince doğranmış soğan, yıkanmış pirinçleri ilave ediyoruz. Pirinçlerin üzerine domates veya biber salçası ilave ediyoruz. İnce doğranmış dere otu ve taze nane ilave ediyoruz. Tuz, karabiber varsa biraz köri koyuyoruz. Kıvam koyu görünüyorsa biraz sıcak suyla yumuşatıyoruz. Pırasalarımızın içine doldurup tencereye diziyoruz. Lezzet vermesi için domatesin kabuklarını ve yeşilliklerin kalan kısımlarını tenceremize diziyoruz.

Sos: Tenceremizin içerisine bir miktar yağ koyuyoruz. Un ilave ediyoruz, kavuruyoruz. Bir tatlı kaşığı salça ilave ediyoruz. Üzerine soğuk su koyuyoruz. Pırasaların üzerine sosu ilave ediyoruz. Tuz ilave edip ocağın altını yakıyoruz. Kaynamaya başlayınca ocağın altını kısıyoruz. Pişince servis tabağına alıyoruz. Üzerine sarımsaklı yoğurt koyuyoruz.

Kabak üzerinde Tavuk Göğsü

• 2 Adet kabak • 2 Adet küçük tavuk göğsü • 2 Adet orta boy domates
• 1 çorba kaşığı mısır • 2 Diş sarımsak • Kekik • Pul biber • Tuz
• Değirmenden karabiber • Zeytinyağı

YAPILIŞI

Orta boy kabakları çatal ya da kabak oyacağıyla çiziyoruz. Yıkayıp baş ve son kısmını kesip kabak oyacağıyla içini çıkartıyoruz. Daha sonra ince halkalar halinde doğruyoruz. Tavanın içine yağ koyuyoruz. Sarımsak ilave edip kabakları soteliyoruz. Kabaklar yarı pişme kıvamına gelince kabukları soyulmuş doğranmış domates ve mısırı ilave ediyoruz. Tuz, karabiber ilave ediyoruz. Kabaklar yenebilecek kıvama gelene kadar pişiriyoruz. Yalnız kabaklar diri ve canlı olmalı. Kabakları servis tabağına alıyoruz. Kemikli veya kemiksiz tavuk göğsünü tuz, karabiber, pul biber, kekik serpip teflon tavada ister ızgarada kızartıyoruz. Daha sonra ince dilimler halinde slays olarak kesiyoruz. Kabakların üzerine diziyoruz. Soteleme işleminden sonra kabaklara dereotu, maydanoz ilave edebiliriz. Yemeğimizi servise hazır hale getiriyoruz.

Köri Soslu Piliç (6 kişilik)

• 1 Bütün tavuk göğsü • 10 Adet taze kültür mantarı • 1 Adet kuru soğan • 2 Diş sarımsak • 1 Tatlı kaşığı un • 1 Çay bardağı soğuk süt • 1 Tatlı kaşığı köri baharatı • Tuz • Yeteri kadar su • Mısırözü yağı

YAPILIŞI

Tavuk göğsünü küçük küçük doğruyoruz. Diğer tarafta kuru soğanı ve sarımsağı doğruyoruz. Tenceremize mısır özü yağı koyuyoruz. Kuru soğanı ilave edip kavuruyoruz. Daha sonra tavuk etini ilave ediyoruz. Üzerine doğranmış kütür mantarını ve sarımsağı ilave ediyoruz. Hepsini bir süre daha kavuruyoruz. Üzerine un ilave ediyoruz. Biraz çevirip soğuk süt ilave ediyoruz. Daha sonra yeteri kadar su, tuz ve köri ilave ediyoruz. Kısık ateşte yaklaşık 20-25 dakika pişiriyoruz. Yanında pilavla servis ediyoruz.

Piliç Buğlama (4 kişilik)

• 1 Adet orta boy kemiksiz, derisiz piliç göğsü • 3 Adet domates • 1 Adet kuru soğan • 3 Adet yeşil biber • 5 Adet mantar • 2 Adet defne yaprağı • 2 Adet orta boy patates • Yeteri kadar su • Çiçek yağı • Tuz • Karabiber

YAPILIŞI

Tavuk göğsünü yaprak şeklinde kesiyoruz. Tencereye halka halka doğranmış soğanları yerleştiriyoruz. Üzerine patates diziyoruz. Doğranmış mantarları serpiyoruz. Tavuk göğsünü diziyoruz. Kabuğu soyulmuş domates, yeşil biberi doğrayıp serpiyoruz. Tuzunu, karabiberini, yağını ve suyunu ayarlıyoruz. Tavuklar ve patatesler pişene kadar kısık ateşte kaynamaya bırakıyoruz. Piştikten sonra üzerine maydanoz serperek servis ediyoruz.

Tavuk İncik Paçası (3 kişilik)

• 6 Adet tavuk incik • 3 Adet domates • 2 Adet kuru soğan • 6 Diş sarımsak • 2 Adet patates • 1 Tutam maydanoz • 3 Çorba kaşığı sirke • Tuz • Karabiber • Mısırözü yağı • Su

YAPILIŞI

Tencereye mısır özü yağı koyup incikleri yerleştiriyoruz. Kuru soğan, sarımsak ilave edip kavuruyoruz. Üzerine küp küp doğranmış patates ilave edip çeviriyoruz. Kabuğu soyulmuş domates ilave edip sirke döküyoruz. Tuz, karabiber, su ilave edip kısık ateşte pişiriyoruz. Piştikten sonra 10-15 dakika dinlendiriyoruz. Üzerine doğranmış maydanoz ilave edip 5 dakika daha dinlendiriyoruz. Yemeğimizi servise hazır hale getiriyoruz.

Pilavlar

Tavuklu Bulgur Pilavı (4 kişilik)

• 1 Çorba kasesi pilavlık bulgur • 1 Adet kuru soğan • 1 Adet tavuk budu • 2 Adet domates • 2 Adet yeşil biber • 1 Tatlı kaşığı salça • Tuz • Karabiber • Taze nane • Çiçek yağı • Tavuğun haşlama suyu

YAPILIŞI

Tavuk budunu yıkıyoruz, tenceremizin içerisine su koyup budu haşlıyoruz. Pilavlık bulguru yıkıyoruz. Tenceremize çiçek yağı koyuyoruz. Üzerine ince doğranmış kuru soğan ilave edip kavuruyoruz. Sonra bulguru ilave edip bir süre daha kavuruyoruz. Doğranmış yeşil biber ilave ediyoruz, karıştırıyoruz. Sonra domates ve salça ilave ediyoruz. Haşlamış olduğumuz tavuk butunun suyunu bulgura döküyoruz. Tuzunu, karabiberini istenirse pul biber ilave edip suyunu ayarlıyoruz. Kapağını kapatıp kısık ateşte pişiriyoruz. Ara sıra karıştırıyoruz. İçerisine varsa ince doğranmış taze nane ilave ediyoruz, karıştırıp dinlendiriyoruz. Üzerine tavuk budunu parça parça yapıp servise hazır hale getiriyoruz.

Not: Şef yanında cacık öneriyor.

Mantarlı Pilav

• 2 Su bardağı pirinç • 1 Tutam maydanoz
• 1 Kase mantar (taze veya konserve) • 1 Adet kuru soğan
• 2 Adet küp Şeker • Tuz • Tavuk veya et suyu • Çiçek yağı

YAPILIŞI

Tuzlu ve ılık suda pirinçleri ıslatıyoruz. 20-25 dakika bekletiyoruz. Yıkayıp süzüyoruz. Tencerenin içerisine çiçek yağı koyuyoruz. Pirinçleri alıp kavuruyoruz. Tuzunu ve şekeri ilave ediyoruz. Kaynar et veya tavuk suyu ya da kaynar su ilave ediyoruz. Pişmeye bırakıyoruz. Taze mantarı doğrayıp tavaya alıyoruz. Mantarların sulanmaması için yüksek ısıda kızartıyoruz. Pişmiş ve dinlenmiş pilavımıza harcımızı ilave ediyoruz. Üzerine ince doğranmış maydanoz ilave edip harmanlıyoruz. Çorba kasesine koyup servis tabağına ters çeviriyoruz, servise hazır hale getiriyoruz.

Not: Şef yanında yeşil salata öneriyor.

Mengen Pilavı (6 kişilik)

- 2 Çorba kasesi baldo pirinç • 100 gr Kuzu eti • 1 Adet kuru soğan
- 2 Adet domates • 1 Fincan iri kırılmış ceviz içi • 1 Tutam dereotu
- 4 Adet mantar (taze veya konserve) • Tuz • Karabiber • Su • Fındık yağı

YAPILIŞI

Tuzlu ve ılık suda pirinçleri ıslatıyoruz. Yaklaşık 20-25 dakika suyun içerisinde bekletiyoruz. Daha sonra pirinçleri yıkayıp süzüyoruz. Diğer tarafta kuzu etini doğruyoruz. Tenceremizin içerisine yağ koyup etleri ilave ediyoruz ve karıştırıyoruz. Üzerine ince doğranmış kuru soğanı ilave ediyoruz. Birazda bu şekilde kavuruyoruz. Sonra ince doğranmış mantarları ilave edip kavuruyoruz. İçerisine kabuğu soyulmuş ve doğranmış domates ilave ediyoruz. Yeteri kadar su ilave edip etleri pişmeye bırakıyoruz. Etler pişince pilavımızı yapıyoruz. Tencerenin içine fındık yağını koyuyoruz ve pirinçleri ilave edip kavuruyoruz. Tuzunu, şekerini ilave ediyoruz. Kuzu etli harcımızı kavrulmuş pirinçlerin üzerine döküyoruz. Tuzunu, suyunu ayarlayıp kapağını kapatıyoruz ve pişmeye bırakıyoruz. Ocağın altı kapalı şekilde 10 dakika dinlendiriyoruz, karıştırıyoruz. Dereotu ve iri parçalı ceviz ilave ediyoruz. Pilavımızı kek kalıbına koyup servis tabağına ters çevirerek servise hazır hale getiriyoruz.

Kuzu Etli Şehriye Pilavı (8 kişilik)

• 150 gr Kuzu eti • 1 Paket arpa şehriye • 2 Adet domates • 2 Adet yeşil biber • 1 Adet kuru soğan • 2 Diş sarımsak • 1 Çorba kaşığı salça • Çiçek yağı • Tuz • Su

YAPILIŞI

Kuzu etlerini küçük küçük doğruyoruz. Tencereye bir miktar yağ koyuyoruz. Etleri tencerenin içerisine alıp kavuruyoruz. Sulanmamasına özen gösteriyoruz. Üzerine kuru soğan, sarımsak ilave edip kavuruyoruz. Yeteri kadar domates veya biber salçası ilave ediyoruz. Biraz çevirip sıcak su ilave ediyoruz. Kaynamaya bırakıyoruz. Etlerimiz pişince diğer tarafta arpa şehriyemizi yağ koyduğumuz tencereye alıp kavuruyoruz. Üzerine yeşil biber ilave ediyoruz, bir iki defa çevirdikten sonra domatesleri ilave ediyoruz. Üzerine pişen kuzu etlerini suyuyla birlikte ilave ediyoruz. Tuzunu ve suyunu ayarlıyoruz. Dibini tutmaması için ara ara karıştırıyoruz. Şehriye pilavı suyu çok çeker, bu nedenle suyunun ayarına dikkat ediyoruz. Pilavımız pişip 5 dakika demlendikten sonra servise hazır hale getiriyoruz.

Not: Şef yanında dereotlu cacık öneriyor.

Domatesli Pilav (4 kişilik)

• 2 Su bardağı pirinç • 2 Adet domates • 1 Tutam maydanoz • Tuz • 2 Tatlı kaşığı şeker • Fındık yağı • Et veya tavuk suyu

YAPILIŞI

Tuzlu ve ılık suda pirinçleri ıslatıyoruz. Yıkayıp, süzüyoruz. Tenceremize fındık yağı koyuyoruz. Pirinçleri ilave edip kavuruyoruz. Tuzunu ve şekeri ilave ediyoruz. Diğer tarafta domateslerin kabuklarını soyup küp küp doğruyoruz. Yeteri kadar kavrulmuş pirince domatesleri ilave edip karıştırıyoruz. Kaynar et suyu veya tavuk suyu ilave ediyoruz. Pişince dinlendiriyoruz. Üzerine ince doğranmış yeşil soğan serpip servis ediyoruz.

Not: Şef yanında cacık öneriyor.

Gökçesu Pilavı (4 kişilik)

• 1 Kase pirinç • 1 Adet havuç • 1 Su bardağı haşlanmış nohut
• 1 Çay bardağı iri kırılmış ceviz • 1 Tutam dereotu • Tuz • Çiçekyağı • Su

YAPILIŞI

Tuzlu ve ılık suda pirinçlerimizi ıslatıyoruz. 20-25 dakika bekletiyoruz. Yıkayıp süzüyoruz. Tenceremize çiçek yağı koyup pirinçleri kavuruyoruz. Rendelenmiş havucu ilave edip karıştırıyoruz. Haşlanmış nohutu ilave edip tuz ve yeteri kadar kaynar su veya et suyu koyuyoruz. Pilavımızı pişmeye bırakıyoruz, pişince dinlendiriyoruz. İçerisine iri cevizleri ve ince doğranmış dereotunu ilave ediyoruz. Servise hazır hale getiriyoruz.

Not: Şef yanında ayran öneriyor.

İç Pilav

- 1 Çorba kasesi baldo pirinç
- 1 Çorba kaşığı dolmalık fıstık
- 1 Çorba kaşığı kuş üzümü
- 100 gr Kuzu ciğeri
- 1 Adet Kuru soğan
- 1 Çay bardağı bezelye
- 1 Tutam dere otu
- Karabiber
- Yeni bahar
- Çiçek yağı
- Su
- Tuz

YAPILIŞI

Tuzlu ve ılık suda pirinçleri ıslatıyoruz. Yıkayıp, süzüyoruz. Diğer tarafta tencereye çiçek yağı koyuyoruz. İçerisine dolmalık fıstık ilave ediyoruz, kısık ateşte kavuruyoruz. Kuzu ciğerini zar şeklinde doğruyoruz. Ciğeri ve soğanı tencereye alıyoruz, kavuruyoruz. Kuş üzümünü yıkayıp harcın üzerine döküyoruz. Karıştırıp pilavımıza yetecek kadar su ilave ediyoruz. Ayrı bir tencereye çiçek yağı koyup pirinçleri kavuruyoruz. Tuzunu, şekerini ilave ediyoruz. Diğer tarafta kaynamakta olan harcı pilavın üzerine döküyoruz. Su az gelirse sıcak suyla kıvamını ayarlıyoruz kapağını kapatıp pişmeye bırakıyoruz. Pişince dinlendiriyoruz. İçerisine ince doğranmış dere otu, karabiber, yeni bahar, bezelye ilave edip karıştırıyoruz. Pilavımızı servise hazır hale getiriyoruz.

Not: Şef yanında komposto öneriyor.

Hindi Etli Patlıcanlı Pilav (8 kişilik)

• 2 Adet patlıcan • 3 Adet domates • 3 Adet sivri biber • 2 Diş sarımsak • 1 Adet kuru soğan • 250 gr Küçük doğranmış hindi eti • 3 Su bardağı pirinç • Tuz • Karabiber

YAPILIŞI

Tenceremize yağımız koyuyoruz. Önce etleri, sonra kuru soğanı, sarımsağı ilave edip birlikte kavuruyoruz. Doğranmış yeşil biberi, domatesi sırasıyla tencereye dahil ediyoruz. Az miktar suyla etleri pişiriyoruz. Verdiğimiz ölçülerle pilavımızı hazırlıyoruz. Kemer patlıcanları uzunlamasına şeritler halinde kesiyoruz. Az yağda kızartıyoruz. Kaseye önce etli harcı sonra sepet gibi patlıcanları diziyoruz. En sona da pilavı dolduruyoruz ve ters çevirip servis yapıyoruz.

Sebzeli-Kıymalı Pilav (6 kişilik)

• 2 Su bardağı pirinç • 1 Adet küçük havuç • 1 Fincan bezelye • 100 gr Kıyma • 1 Adet kuru soğan • 2 Adet sivri biber • 2 Adet domates • Tuz • Karabiber • Çiçek yağı • Sıcak su

YAPILIŞI

Tuzlu ve ılık suda pirinçleri ıslatıyoruz. Bir süre beklettikten sonra yıkayıp süzüyoruz. Diğer tarafta tenceremize olabildiğince az yağ koyuyoruz ve önce kıymayı kavuruyoruz. Sonra ince doğranmış soğanları ilave edip birlikte kavuruyoruz. Üzerine havuç ilave edip kavuruyoruz. Daha sonra sivri biberi, bezelyeyi ilave edip kavurma işlemini devam ettiriyoruz. Üzerine domates ya da salça ve bir çay bardağı su, tuz, biber ilave edip kısık ateşte pişmeye bırakıyoruz. Diğer tarafta tenceremize yağ koyuyoruz ve pirinçleri ilave edip kavuruyoruz. Tuzu ve şekeri ilave ediyoruz. Suyunu verip pişiriyoruz. Piştikten sonra bir süre dinlendiriyoruz. Kek kalıbını ya da fırın kabını önce fırçayla yağlıyoruz. Sosumuzu yayıyoruz, üzerine pilavımızı döküyoruz. Tahta kaşık yardımıyla sıkıştırıyoruz. Geniş bir servis tabağına ters çeviriyoruz. İstenirse üzerine ince doğranmış maydanoz serpip kenarına dilim dilim doğranmış domates dizebiliriz.

Not: Şef yanında ayran öneriyor.

Havuçlu-Ayvalı Pilav (4 kişilik)

• 100 gr Kuzu eti • 1 Adet havuç (orta boy) • 1 Adet kuru soğan • 1 Adet ayva • 1 Çorba kasesi baldo pirinç • 1 Tatlı kaşığı kimyon • Tuz • Karabiber

YAPILIŞI

Kuzu etlerini minik minik doğruyoruz. Tencereye yağı, etleri koyup biraz kavuruyoruz. Üzerine kuru soğanı ilave ediyoruz. Daha sonra küp küp doğranmış havucu ilave edip kavuruyoruz. Ayvayı ilave edip biraz karıştırdıktan sonra ıslanmadan yıkanmış pirinci ilave edip birlikte kavuruyoruz. Tuzunu, suyunu koyup altını kısıyoruz. Piştikten sonra kimyonu ilave edip karıştırıyoruz. Servise hazır hale getiriyoruz.

Taze Kerevizli-Bezelyeli Salma Pilav (4 kişilik)

• 1 Çorba kasesi jasmin pirinç • 1 Çorba kasesi taze bezelye • 1 Adet kuru soğan • 1 Tutam kereviz sapı • Yeteri kadar tuz • 1 Tatlı kaşığı toz şeker • Çiçek yağı
(varsa et suyu veya tablet bulyon kullanabilirsiniz)

YAPILIŞI

Pirinçleri yıkayıp süzüyoruz. Tenceremizin içerisine yeteri kadar yağ koyuyoruz. Üzerine kuru soğan ilave edip kavuruyoruz. Kerevizin sap kısımlarını verev verev (yan yan) doğrayıp soğana ilave ediyoruz. 3-4 dakika kavuruyoruz. Taze bezelyeyi koyup karıştırıyoruz. Yetecek kadar suyu koyuyoruz, kaynamaya bırakıyoruz. Kereviz sapları pişmeye yakın pirinçleri ilave edip tuz, şeker koyup, suyunu kontrol edip kapağını kapatıp pişmeye bırakıyoruz. Pişince 10 dakika dinlendiriyoruz. Servise hazır hale getiriyoruz.

Not: Şef yanında kızılcık şırası öneriyor.

Zeytinli-Soğanlı Pilav (6 kişilik)

• 2 Su bardağı pirinç • 2 Adet kuru soğan • 10 Adet siyah zeytin • Çiçek yağı • Tuz • Su • Varsa et veya tavuk suyu

YAPILIŞI

Baldo pirinçlerimizi tuzlu ve ılık suda 20-25 dakika bekletiyoruz. Pirinçleri yıkayıp süzüyoruz. Pilavımızın tane tane ve güzel olabilmesi için pirinçleri çok iyi şekilde süzüyoruz. Tencerenin içine yağ koyuyoruz. Pilavlarda sıvı yağ kullanıyoruz. Pirinçleri ilave edip 7-8 dakika kavuruyoruz. Tuz ve şeker ilave ediyoruz. Diğer tarafta kaynayan suya 1 tablet et suyu veya tavuk suyu ilave ediyoruz. Pişmeye bırakıyoruz. Pişen pilavımızı demlenmeye bırakıyoruz. Diğer tarafta kuru soğanı yarım veya tam piyaz olarak doğruyoruz. Az yağda soğanları soteliyoruz. Üzerine çekirdeği alınmış siyah zeytinleri ilave ediyoruz. Tadını kontrol ettikten sonra tuz ilave ediyoruz. İstenirse üzerine maydanoz ve küp küp doğranmış domates doğrayabiliriz. Demlenen pilavı kaseye alıyoruz. Servis tabağına kaseyi ters çevirip pilavı çıkartıyoruz. Üzerine harcımızı yeterince koyup servis ediyoruz.

Sebzeli Pilav (6 kişilik)

• 2 Su bardağı baldo pirinç • 1 Adet orta boy havuç • 1 Adet orta boy kabak • 3 Çorba kaşığı bezelye • 1 Adet kırmızı biber • Tuz • 1 Adet küp şeker • Fındık yağı • Tavuk veya et suyu

YAPILIŞI

Tuzlu ve ılık suda pirinçleri ıslatıyoruz. Yıkayıp süzdürüyoruz. Diğer tarafta havuç ve kabağı küçük ve küp küp doğruyoruz. Tencereye su koyuyoruz. Kaynayan suya önce havucu alıyoruz. Peşinden kabakları ilave ediyoruz. Yalnız havuç biraz piştikten sonra kabakları ilave koyuyoruz. Taze bezelye ve küp küp doğranmış kırmızı biber ilave ediyoruz. Sebzelerimiz pişerken diğer tarafta pirinçlerimizi kavuruyoruz. Tuzunu ilave ediyoruz. Kaynamakta olan sebzeleri suyuyla birlikte pirincimizin üzerine ilave ediyoruz. İçerisine küp şeker atabiliriz. Pişen pilavı 5-10 dakika dinlendiriyoruz. Pilavımızın üzerine istenirse mısır taneleri serpebilirsiniz.

Özbek Pilavı (4 kişilik)

• 1 Çorba kasesi pirinç • 2 Adet havuç • 100 gr Kuzu eti • 1 Adet kuru soğan • Tuz • Karabiber • Çiçek yağı

YAPILIŞI

Tencerenin içerisine yağı koyup, kuzu etlerini kavuruyoruz. Kuru soğanı doğrayıp kavurmaya devam ediyoruz. En son küçük doğranmış havuç ve pilavımıza yetecek kadar suyu ilave ediyoruz. Kapağını kapatıp pişmeye bırakıyoruz. Etlerimiz pişince pirincimizi yıkayıp süzüyoruz ve tenceremizin içine alıyoruz. Tuzunu ve karabiberini ilave ediyoruz. Suyunu kontrol edip, pişirmeye bırakıyoruz. Demlendikten sonra servise hazır hale gelmiş oluyor.

Deniz ürünleri

Deniz Mahsülleri Güveç (4 kişilik)

• 1 Adet levrek balığı • 1 Dilim kesilmiş somon balığı • 1 Adet kalamar • 2 Adet domates • 3 Adet yeşil biber • 2 Diş sarımsak • 2 Adet defne yaprağı • 1 Adet kabuğu soyulmuş dilimlenmiş limon • Zeytinyağı • Tuz • Karabiber • Maydanoz

YAPILIŞI

Tavanın içine yağ koyuyoruz. Üzerine ince doğranmış sarımsak ilave ediyoruz. Küp küp doğranmış somon balığı, haşlanmış kalamar, iri doğranmış levrek balığı ilave edip kavuruyoruz. 3-4 dakika kavurup üzerine yeşil biber, defne yaprağı, kabuğu soyulmuş küp küp doğranmış domatesi ilave edip kavuruyoruz. Tuz, biber, kabuğu soyulmuş limon dilimi ile soteliyoruz. Harcımızı güvecin içine alıp 180 derecelik fırında 10 dakika pişiriyoruz. Bu arada istenirse fırına koymadan önce rendelenmiş kaşar peyniri de konulabilir. İnce doğranmış maydanozla servis ediyoruz.

Dereotlu-Roka Soslu Alabalık (4 kişilik)

• 3 Adet alabalık • 1 Kase ufalanmış ekmek içi • 3 Diş sarımsak • 2 Bağ roka • 1 Tutam dereotu • 1 Adet limon • 2 Adet kuru soğan • 1 Fincan kaşar peyniri • Pul biber • Tuz • Zeytinyağı

YAPILIŞI

Balıkları soğan, roka kökü, karabiber, limon suyu, tuz ve su ile haşlıyoruz. Derisini ve kemiklerini ayıklıyoruz. Servis edeceğimiz tabağa alıyoruz.

Sos için: Rokayı, dere otunu ince doğruyoruz. Karıştırma kabına alıp ufalanmış ekmek içi, rende kaşar peyniri, limon suyu, doğranmış sarımsak, tuz, pul biber, zeytinyağı ve balığın haşlanmış suyundan bir miktar koyup karıştırıyoruz. Servis tabağındaki balıkların üzerine döküp servis ediyoruz.

Fırında Palamut Pilaki
(2 kişilik)

• 1 Adet palamut • 1 Adet kuru soğan • 1Adet limon • 1 Adet domates • 2 Adet defne yaprağı • Çiçekyağı • 1 Tutam maydanoz • Tuz • 3 Adet defne yaprağı • Karabiber • Su

YAPILIŞI

Palamut balıkları ve kuru soğanı halka halka doğruyoruz. Fırın kabının altına soğanları diziyoruz. Üzerine palamut balığını koyuyoruz. Üzerine kabuğu soyulmuş iri doğranmış domates, defne yaprağı, tuzunu, yağını ve yeteri kadar suyunu koyup, en son üzerine limon dilimlerini diziyoruz. 180 derecelik ısıtılmış fırında 25 dakika pişiriyoruz. Soğuk ya da ılık servis edilebilir. Üzerine ince doğranmış maydanoz serpilebilir.

Güveçte Levrek Balığı (2 kişilik)

• 1 Adet levrek fileto • Yarım limon • 2 adet domates
• 1 Adet yeşil biber • 2 Adet defne yaprağı • 1 çorba kaşığı tereyağı
• 1 Tutam maydanoz • Tuz • 3 Adet defne yaprağı • Su

YAPILIŞI

Güvecimizin altına kabuğu soyulmuş küp küp doğranmış domatesin yarısını, yeşil biberi koyuyoruz. Üzerine fileto levrek balığını koyuyoruz. Kalan domatesi, defne yaprağını, tuzunu, tereyağını, suyunu ve limon dilimini ilave edip 180 derece ısıtılmış fırında 25 dakika pişiriyoruz. Maydanoz serpip servis ediyoruz.

Kağıtta Asma Yapraklı Somon
(2 kişilik)

• 2 Dilim kesilmiş somon balığı • 4 Adet asma yaprağı • 1 Adet küçük kuru soğan • 1 Dilim halka kesilmiş limon • 1 Adet domates • 1 Adet yeşil biber • 40x40 Kesilmiş yağlı kağıt • Tane karabiber • Zeytinyağı

YAPILIŞI

Kağıdı tezgaha açıyoruz. İki asma yaprağını yan yana koyuyoruz. Üzerine piyaz doğranmış soğanı ilave ediyoruz. Defne yaprağını koyuyoruz. Üzerine somon balığını alıyoruz. Balığın üzerine doğranmış domates, biraz su, karabiber ve zeytinyağını ilave ederek kağıdı kapatıp 180 derece fırında 15 dakika pişiriyoruz.

Palamut Balığı Yahnisi
(4 kişilik)

• 1 Adet palamut • 10 Adet arpacık soğan • 2 Adet orta boy patates • 2 Adet orta boy havuç • 3 Adet orta boy domates • Çiçekyağı • 1 Tutam dere otu veya maydanoz • Tuz • 3 Adet defne yaprağı • Karabiber • Su

YAPILIŞI

Tencereye çiçek yağını koyuyoruz. Arpacık soğanları ilave ediyoruz. Küp küp doğranmış havuçları ilave edip kavuruyoruz. Patatesleri ilave ediyoruz. Defne yaprağı ilave edip kavuruyoruz. Filato şeklinde küp küp doğranmış balıkları tencereye dahil ediyoruz. Balıkları parçalamadan karıştırıyoruz. Kabuğu soyulmuş domatesleri ilave ediyoruz. Yeteri kadar su koyup kısık ateşte pişiriyoruz. İnce doğranmış dere otu maydanoz serperek servis ediyoruz.

Hamur

işleri

Kıymalı Ay Çöreği

Hamuru için

· 6 Su bardağı un · 1 Paket margarin (oda sıcaklığında) · 1 Adet yumurta · 1 Adet haşlanmış büyük boy patates · 1 Miktar tuz · Yarım paket yaş maya · 1 Çorba kaşığı toz şeker · Yarım su bardağı su

İç malzemesi için

· 500 gr Kıyma · 2 Adet büyük boy kuru soğan · 1 Tutam maydanoz · 1 Adet haşlanmış büyük boy patates · Pul biber · Karabiber · Kekik · Tuz

Not: Ölçüyü azaltıp, çoğaltabilirsiniz.

YAPILIŞI

Önce bir kaseye suyu, toz şekeri, mayayı koyup eritiyoruz. Diğer tarafta karıştırma kabında margarini, yumurtayı karıştırıyoruz. Unun yarısını döküp karıştırmaya devam ediyoruz. Patatesi rendenin ince yerinde rendeliyoruz. Geriye kalan unun hepsini döküyoruz. Tuzunu ilave edip hamuru karıştırıyoruz. Daha sonra kasedeki karışımı yavaş yavaş yediriyoruz ve hamuru yoğuruyoruz.
5 dakika dinlendiriyoruz. Bu arada kıymalı harcı kavurup soğumaya bırakıyoruz. Ceviz büyüklüğünde hamurdan parçalar hazırlıyoruz. Merdaneyle açıp el içi büyüklüğünde kıymalı harcı koyup sarıyoruz. Ay şekli verip üzerine yumurta, çörek otu veya susam serpip 200 derecede kızarana kadar pişiriyoruz.

Sokak Simidi

• 1 kg Un • 1 Paket (40 gr) Yaş maya • 1 Çorba kaşığı tuz • 1 Çorba kaşığı toz şeker • 1 Çay bardağı çiçek yağı • Alabildiğince su • 200 gr Susam

Simidin Sosu

• 2 Çorba kaşığı pekmez • 2 Çorba kaşığı çiçek yağı • 1 Su bardağı su

YAPILIŞI

Karıştırma kabının içine unu koyuyoruz. Ortasını havuz şeklinde açıp, içine mayayı, çiçek yağını, suyu döküyoruz. Unun üzerine tuz ve şeker serpiyoruz. Alabildiği kadar su ile simit hamurunu yoğuruyoruz (normal hamurdan biraz daha sert olmalı). Böylece 5 dakika dinlendirmeye bırakıyoruz. Daha sonra hamurdan bezeler kopartılıp ince uzun fitiller yapıyoruz. Simit şeklinde yuvarlıyoruz ve su, pekmez, yağ karışımının içine alıyoruz. Buradan alınıp, susuz bir şekilde susama batırıyoruz ve fırın tepsisine diziyoruz. Burada mayalanmaya bırakıyoruz. Yeterince mayalanınca 200 derece ısıtılmış fırına simitlerimizi koyuyoruz. Nar gibi kızarınca çıkartıyoruz.

çatal

• 100 gr Margarin (oda sıcaklığında) • 1 Adet yumurta • 1 Çay bardağı yoğurt
• 1 Çay bardağı çiçek yağı
• Yarım çay bardağı toz şeker (isteğe bağlı olarak şeker azaltılabilir)
• 2 Çorba kaşığı sirke • 1 Tatlı kaşığı mahlep
• 1 Paket kabartma tozu • 1 Fiske tuz • Alabildiği kadar un

YAPILIŞI

Karıştırma kabına önce margarini alıp elimizle biraz cıvıklaştırıyoruz. Üzerine sırayla yumurta, yoğurt, çiçek yağı, sirke, toz şeker birer birer ilave ediyoruz. Önce sıvılar karıştırılıyor ve unun birazını döküyoruz. Üzerine mahlep, tuz, kabartma tozu koyup karıştırıp, altta ki sıvı karışımla birlikte harmanlıyoruz. Alabildiği kadar un ilave ediyoruz. Biraz dinlendiriyoruz. Hamurdan parçalar kesip, çatal şeklini veriyoruz. Üzerine yumurta sarısı sürüp çörek otu serpiyoruz. 190 derecede kızarana kadar pişiriyoruz. İstediğiniz şekilleri vermeniz mümkün.

Not: Şef çatalın yanında limonata tavsiye ediyor.

Tahinli Mini Pizza

• 500 gr Un • Yarım paket yaş maya • 1 çay bardağı çiçek yağı • 1 Adet yumurta • 1 Çay kaşığı tuz • 2 Çorba kaşığı toz şeker • Yeterince su

Tahinli harç

• 1 Su bardağı tahin • 1 çay bardağı su • 4 çorba kaşığı toz şeker

YAPILIŞI

Karıştırma kabına unu döküyoruz. Ortasını havuz şeklinde açıyoruz. İçine mayayı, çiçek yağını, suyunu koyup, unun üzerine de şekeri ve tuzu serpiştiriyoruz. Havuzun ortasına az miktarda suyla mayanın erimesini sağlıyoruz ve kıvamına göre suyu ilave ediyoruz. Peşinden unu ortadaki karışıma almaya başlıyoruz. Hamuru iyi bir şekilde yoğuruyoruz. Bezeleri ceviz büyüklüğünde kesiyoruz ve yağlanmış fırın tepsisine koyup, mayalanması için 5 dakika bekliyoruz. Daha sonra hamurun üzerine basıp yayıyoruz ve ortasını çukurlaştırıp, yumurtayı sürüyoruz.

Tahinli harç için: Tahini, suyu ve toz şekeri karıştırıp, hamurumuzun ortasına koyuyoruz. Tepsi mayası geldikten sonra 190 derecelik ısıtılmış fırına gönderip 10-15 dakika arası pişiriyoruz.

Pratik Mantı

• 1 Adet yufka • 1 Çorba kasesi yoğurt • 2 diş sarımsak • Tuz • 1 Tutam maydanoz • 1 çay kaşığı toz kırmızı biber • 1 çorba kaşığı tereyağı

YAPILIŞI

Taze yufkayı tezgahın üzerine yayıyoruz. Bir kasenin içerisine su koyup, fırçayla yufkanın heryerine sürüyoruz. İki taraftan yufkayı sararak rulo yapıyoruz ve ortada buluşturuyoruz. Buluşma noktasından ikiye kesiyoruz. Rulo yufkaları 1 parmak kalınlığında doğruyoruz. Bol yağda patates kızartır gibi kızartıyoruz. Havlu kağıt içerisine çıkartıyoruz ve servis tabağına alıyoruz. Bir kase içerisinde, sarımsaklı yoğurt hazırlıyoruz ve mantının üzerine döküyoruz. Maydanozu ince doğrayıp üzerine serpiyoruz. Bir tava içerisinde tereyağını eritiyoruz. Toz kırmızı biberi ilave edip, kızartıyoruz (yakmamaya özen gösteriyoruz). Mantımızın üzerine yavaşça döküp, servis yapıyoruz.

Not: Şef yufkanın çıtırlığının kaybolmaması için, mantının bekletilmeden hemen tüketilmesini tavsiye ediyor.

Otlu Yufka Pidesi

• 1 Adet yufka • 5 Adet bıldırcın yumurtası • Kaz ayağı • 1 Tutam ıspanak • Ebe gümeci • Yeşil soğan • Isırgan otu • 2 Çorba kaşığı ufalanmış beyaz peynir (tulum olabilir) • Zeytinyağı • 5 Adet çeri domates • Tuz • Karabiber • Pul biber

YAPILIŞI

Yufkayı açıp, fırçayla her tarafını yağlıyoruz. Ucundan başlayıp parmak uçlarımızla hafif hafif buruşturuyoruz. Bir ucundan başlayıp seyrekçe yuvarlıyoruz. Bitiş ucunu alta saklıyoruz. 180 derece ısıtılmış fırına gönderip 5 dakika hafifçe kızartıyoruz. Tavaya zeytinyağını koyuyoruz. Yeşil soğanı atıyoruz. Doğranmış otları da soğanlar kavrulunca tavaya koyuyoruz. Tuzunu karabiberini koyup karıştırıp altını kapatıyoruz. Kızaran yufkanın üzerine kavrulmuş otları yayıyoruz. Üzerine bıldırcın yumurtalarını kırıyoruz. Tekrar fırına gönderiyoruz. Pişince fırından çıkarıp servis tabağına alıyoruz. Üzerine peynir serpiyoruz. Yumurtaların aralarına çeri domatesi koyuyoruz. Servis yapıyoruz.

Not: Mevsimine göre bulunabilen otlarla hazırlayabilirsiniz.

Peynirli Yaprak Böreği

• Yarım paket yaş maya • 2 Adet yumurta • 1 Çay bardağı yoğurt • 1 Çay bardağı çiçek yağı • 1 Çay bardağı ılık su • Alabildiği kadar un • Tuz

İç harcı için

• Yarım kalıp beyaz peynir • 1 Tutam maydanoz • 1 Adet yumurtanın beyazı (hamurun katları için) • 125 gr Margarin

YAPILIŞI

Karıştırma kabına yoğurdu, çiçek yağını, yumurtanın sarısını, mayayı ılık suyu ve bir çorba kaşığı sirkeyi koyup hepsini karıştırıyoruz. Un ve tuzu ilave ederek kulak memesi yumuşaklığına gelene kadar yoğuruyoruz. Bu hamuru dörde bölüyoruz biraz dinlendiriyoruz. Merdaneyle olabildiğince ince açıyoruz. Her yufkanın içine eritilmiş margarin sürüyoruz ve rulo yapıyoruz, dolapta yaklaşık bir saat dinlendiriyoruz. Dolaptan çıkarıp bir parmak kalınlığında kesiyoruz. Parçalamadan her hamuru çay tabağı büyüklüğünde açıyoruz. Ortasına peynirli harcdan koyup iki ucunu kapatıp birleştiriyoruz. 190 derecede pişiriyoruz.

Not: Şef yanında kuşburnu çayı öneriyor.

Puf Böreği

• 5 Su bardağı un • 1 Çay bardağı çiçek yağı • 3 Adet yumurtanın sarısı • 1 çorba kaşığı Tuz • Yarım limon suyu

İç harcı için

• 1 çorba kasesi beyaz peynir ve maydanoz karışımı

YAPILIŞI

Unu karıştırma kabının içerisine alıyoruz. üzerine yumurtanın sarısını, tuzunu, limon suyunu ve alabildiği kadar su ile birlikte kulak memesinden biraz sert olacak şekilde yoğuruyoruz. Hamur yoğrulduktan sonra cevizden biraz büyük şekilde bezelere ayırıyoruz. Hamurları tabak büyüklüğünde açıyoruz. Her kata yaklaşık olarak bir çorba kaşığı çiçek yağı sürüyoruz. (Yaklaşık 4 veya 5 kat) Son kata yağ sürmüyoruz. 10 dakika dinlendiriyoruz. Sonra merdaneyle açıp içine bardak girebilecek aralıkta peynir harcını koyuyoruz. Aynı şekilde bir hamur daha açıp, üzerine kapatıyoruz. Çay bardağıyla kesiyoruz. Bol kızgın yağda çevirerek kızartıyoruz.

Peynirli-Ispanaklı Melodi Böreği

• 2 Adet yufka • 1 Fincan beyaz peynir • 1 Tutam ıspanak yaprağı
• 1 Adet yumurta • Yarım çay bardağı çiçek yağı • Susam
• Yarım çay bardağından biraz fazla su • Tuz • Pul biber • Çörek otu

YAPILIŞI

Yufkaları tezgaha yayıyoruz. Diğer tarafta parçalayıcının içine beyaz peynir, ıspanak yaprağı, çiçek yağı, su, tuz, pul biber koyup karıştırıyoruz. Bu iç harcı kaşık yardımı ile yufkanın üzerine yayıyoruz. Bir ucundan başlayarak yufkayı rulo halinde sarıyoruz. Ucundan tutup sol tarafa doğru kıvırarak çeviriyoruz. Diğer ucunu da aynı şekilde yaparak ortada buluşturuyoruz. Böylece sol anahtarı şeklini almış oluyor. Böreğimizi yağlanmış fırın tepsisine alıyoruz. Üzerine yumurta sürüyoruz. Çörek otu, susam serpiyoruz. 180 derece ısıtılmış fırında 10 dakika pişiriyoruz.

Not: Şef yanında nane çayı öneriyor.

Meşhur Karaköy Poğaçası

• 250 gr Margarin (oda sıcaklığında) • 1 Su bardağı süt
• 4,5 Su bardağı un • 1 Tatlı kaşığı karbonat
• 1 Tatlı kaşığı limon suyu • 1 Adet yumurta

YAPILIŞI

Yumuşamış margarini elimizle karıştırıyoruz. Üzerine sütü ve unu döküyoruz, bir kenarda karbonatla unu karıştırıp, ana karışımımıza döküyoruz. Limon suyuna bir çimdik tuz ilave edip hamura dökerek, yoğuruyoruz. Yoğurma işlemi bitince ceviz büyülüğünde yuvarlıyoruz. Üzerine basıp yassılaştırıyoruz. Yumurta sarısını, 1 çorba kaşığı çiçek yağıyla karıştırıp üzerine sürüyoruz. Çatalla üzerini çiziyoruz. Peynirli yapmak istersek avuçla bastırıp peyniri koyuyoruz ve kapatıyoruz. 175 derecede ısıtılmış fırında pişiriyoruz.

Not: Bu poğaçanın özelliği, karbonattan dolayı sarı renkte olmasıdır.

Şefin tavsiyesi: Yanında kayısı suyu önerilir.

Patlıcanlı Simit Böreği

• 1 Adet havuç • 3 Adet patlıcan (közlenmiş) • 100 gr Beyaz peynir
• 1 Tutam maydanoz • Çiçek yağı • Tuz • Karabiber
• 8 Adet Milföy hamuru • 1 Adet yumurta • Susam • Çörek otu

YAPILIŞI

Önce patlıcanları közlüyoruz. Soyup iri parçalar halinde doğruyoruz. Havuçları rendeleyip az yağda soteliyoruz. Patlıcanı ilave edip biraz daha soteliyoruz. Tuzunu karabiberini ilave ettikten sonra beyaz peyniri ilk sıcaklığı çıktıktan sonra maydanozla birlikte dahil ediyoruz. Milföy hamurunun iki tanesini birleştirip merdaneyle her tarafına eşit büyütüyoruz. Hazırladığımız harcı uzunlamasına koyup rulo yapıyoruz. İki ucu simit şeklinde birleştiriyoruz. Üzerine yumurta sürüp simidin kenarlarından bıçağın ucuyla küçük kesikler atıyoruz. Çörek otu ve susam serpiyoruz. 180 derecelik ısıltılmış fırında pişiriyoruz.

Not: Süslemek için ince doğranmış pırasayı unlayıp bol yağda kızartıyoruz.

Kolay Su Böreği

• 5 Adet yufka • 2 Adet yumurta • 2 Su bardağı süt (soğuk)
• 1 Çay bardağı çiçek yağı • Tuz • 250 gr beyaz peynir
• 1 Tutam maydanoz

YAPILIŞI

Fırın tepsisini yağlıyoruz. Sağlam bir yufkayı tepsiye yayıyoruz. Geniş bir kap içinde sütü, yumurtayı, yağı, tuzu karıştırıyoruz. Geriye kalan yufkaları 3-4 parçaya bölüp sosa bulayıp, tepsiye yayıyoruz. Elimizdeki yufkayı ikiye bölüyoruz. Yarısına gelene kadar bu işleme devam ediyoruz. Yarıya gelince maydanoz peynir karışımını serpiyoruz ve geriye kalan yufkaları da sosa batırıp tepsiye yerleştiriyoruz. En sona yarım yufka ayırıyoruz. Tepsimiz dolunca yarım yufkayı tepsinin ortasına koyuyoruz. Sosu elimizle biraz üzerine sürüyoruz. Kenarlardaki yufkaları tepsiye doğru kapatıyoruz. Üzerine biraz sostan sürüyoruz. Yoksa da bir yumurta kırıp biraz sütle karıştırıp sürebiliriz. 180 derecede ısıtılmış fırında pişiriyoruz.

Not: Şef yanında demli çay öneriyor.

Karışık Pizza

• 500 gr un • Yarım çay bardağı çiçek yağı • Yarım paket yaş maya (20 gr)
• Bir çorba kaşığı toz şeker • 1 tatlı kaşığı tuz • Yeteri kadar su

Sos için

• 1 çorba kaşığı salça • 2 adet domates • 1 tatlı kaşığı kekik
• Az miktarda taze veya kuru fesleğen • 2 çorba kaşığı zeytinyağı

Harcı için

• 1 çorba kasesi rendelenmiş kaşar peyniri • 4 adet yeşil biber
• 10 adet siyah zeytin
• İsteğe bağlı olarak Sosis, salam, sucuk, yeşil zeytin, mantar, domates konulabilir.

YAPILIŞI

Unumuzu karıştırma kabımızın içine döküyoruz. Ortasını havuz şeklinde açıyoruz. İçine yaş mayayı, çiçek yağını ve suyu döküyoruz. Unun üzerine tuzu ve şekeri serpiyoruz.
Önce havuzun içinde sıvıları karıştırıyoruz.
Alabildiği kadar su koyup, yoğrumaya başlıyoruz. Hamurumuz kulak memesi kıvamına gelene kadar yoğuruyoruz.
5 dakika hamuru dinlendiriyoruz ve yumurta büyüklüğünde bezeleri kesiyoruz. Merdaneyle tabak büyüklüğünde açıyoruz.
Yağlanmış fırın tepsisine alıyoruz.
Sos: Bir karıştırma kabının içerisine salçayı alıp, domatesi rendeliyoruz. Kekik, fesleğen, zeytinyağı ve tuzunu koyup çırpma teliyle karıştırıyoruz.
Kaşıkla hamurun üzerine döküp eşit bir şekilde yayıyoruz. Onun üzerine rendelenmiş kaşar peyniri ve istenilen malzemeleri doğrayıp serpiyoruz ve 5 dakika kadar mayalanması için pizzamızı bekletiyoruz. Önceden ısıtılmış 180 derecelik fırına koyuyoruz. Ortalama 10-15 dakika arası pizzamız servise hazır geliyor.

Not: Şef yanında soğuk ayran öneriyor.

Kapalı Pizza

- 500 gr Un
- Yarım paket yaş maya
- 2 Çorba kaşığı zeytinyağı
- 1 Tatlı kaşığı tuz
- 1 Tatlı kaşığı toz şeker
- Yeterince su

YAPILIŞI

Unun ortası açılır maya, sıvı yağ, su, unun üzerine toz şeker, tuz ilave edilir. Alabildiği kadar suyla hamur yoğurulur, biraz dinlendirilir.
Bir kaşık salçayı suyla açıyoruz, içine köri, kekik, fesleğen ile karıştırılmış yağ ve tuz, karabiberle birlikte karıştırılır. Hamuru bezelere kesiyoruz, biraz mayalandırıyoruz. Merdaneyle büyük tabak boyunda hamuru açıyoruz. Fırın tepsisine alıyoruz. Sosu üzerine sürüyoruz. Kaşar peyniri ve istediğimiz malzemeleri koyup (sucuk, salam, domates, biber vs) hamuru kapatıp yarım ay şekli veriyoruz. Parma uçlarımızla iki hamuru kaynaştırıyoruz. 180 derecede ısıtılmış fırında pişiriyoruz.

Not: Şef pizzaların yanında kızılcık şırası tavsiye ediyor.

Ispanaklı Mengen Katmeri

- 250 gr Kıyma • 250 gr Taze ıspanak • 2 Adet kuru soğan
- 3 Diş sarımsak • 2 Adet domates • Tuz • Karabiber
- 1 Çorba kasesi rendelenmiş kaşar peyniri • Çiçek yağı

Krebi için

- 1,5 Su bardağı soğuk süt • 2 Adet yumurta • 1 Çay bardağı çiçek yağı
- 1 Çay kaşığı tuz • Alabildiği kadar un

Beşamel sos için

- 2 Su bardağı soğuk süt • 2 Tatlı kaşığı un • Çiçek yağı • Tuz • Karabiber

YAPILIŞI

Tavanın içine yağı koyuyoruz. Kıymayı ilave edip kavuruyoruz. Üzerine soğan ve sarımsak ilave edip kavurmaya devam ediyoruz. İri doğranmış ıspanakları ilave edip çeviriyoruz. Daha sonra üzerine domates koyuyoruz. Tuzunu, karabiberini de ilave edip ıspanakları ilave edip 1 dakika kadar kavuruyoruz.

Beşamel sos

Tencerenin içine yağı koyuyoruz. Unu ilave edip çiğ kokusu çıkana kadar kavuruyoruz. Üzerine soğuk süt ilave ediyoruz. Çırpma teliyle karıştırıyoruz. Kıvamını ayarlıyoruz. Tuz ve karabiber ilave edip sosumuzu hazır hale getiriyoruz.

Krep

Karıştırma kabının içerisine soğuk süt, yumurta, çiçek yağı, tuz koyup karıştırıyoruz. Yavaş yavaş unu ilave ediyoruz. Bu şekilde koyu ayran kıvamına gelmesini sağlıyoruz. Teflon tavaya yağ koyuyoruz.
Kepçe yardımıyla krebi döküyoruz. Krepleri her iki tarafı kızarana kadar pişiriyoruz. Diğer tarafta fırın tepsisini yağlıyoruz. Krebi içine koyuyoruz. Üzerine ıspanaklı harcımızı koyup onunda üzerine beşamel sosu ve kaşar peynirini ilave ediyoruz. Bir krep daha ekleyip üstüne kaşar peyniri, harcımızı ve beşamel sosumuzu koyuyoruz. Bu işlemi malzememiz bitene kadar devam ediyoruz. Yaklaşık 8 veya 10 kat olması gerekir. En son kata beşamel sostan biraz sürüyoruz ve rendelenmiş kaşar peyniri serpiyoruz. Sonra 180 derece fırında nar gibi kızarana kadar pişiriyoruz.

Not: Şef yanında ayva hoşafı öneriyor.

Kandil Simidi

• 125 gr Margarin • 1 Çay bardağı çiçek yağı • 1 Tatlı kaşığı toz şeker • 3 Çorba kaşığı yoğurt • 1 Tatlı kaşığı tuz • 1 Tatlı kaşığı kabartma tozu • 1 Tatlı kaşığı mahlep • 1 Adet yumurta • Alabildiği kadar un • Susam

YAPILIŞI

Karıştırma kabına oda sıcaklığında margarini, çiçek yağını, yoğurdu, mahlebi, toz şekeri, kabartma tozunu koyup, karıştırıyoruz. Alabildiği kadar un ilave ediyoruz. Hamur kulak memesi kıvamına gelene kadar yoğuruyoruz. İnce rulo yapıp simit şeklini veriyoruz. Çırpılmış bütün yumurtaya batırıp oradan da susama batırıyoruz. Yağlanmış tepsiye diziyoruz ve 180 derecede yaklaşık 10 dakika pişiriyoruz.

Sucuklu-Peynirli Börek

- 2 Adet yufka • Yarım kangal sucuk • 4 Adet yeşil biber
- 1 Çay bardağı rendenmiş kaşar peyniri • 1 Adet yumurta
- 1 Tutam maydanoz • 1 çay bardağı çiçek yağı
- Yarım çay bardağı soğuk su
- Üzerine çörekotu • Susam

YAPILIŞI

Sucuğu ince ince doğruyoruz. Üzerine yeşil biber doğruyoruz. Rendelenmiş kaşar peyniri, maydanoz, tuz, karabiber ilave edip karıştırıyoruz. Bir kasenin içinde suyu ve çiçek yağını karıştırıyoruz. Taze yufkayı tezgaha seriyoruz. Fırça yardımıyla su ve yağ karışımını üzerine sürüyoruz. İkinci yufkayı üzerine kapatıyoruz. Onun da üzerine aynı karışımdan sürüyoruz. Yufkayı ortadan ikiye bölüyoruz. Her yarım yufkayı dört parmak kalınlığında kesiyoruz. Hazırladığımız harcı paylaştırıyoruz. Yufkanın uç kısımlarına koyup muska şeklinde sarıyoruz. Yağlanmış fırın tepsisine diziyoruz. Yumurtayı kırıp çırpıyoruz. Fırça yardımıyla böreklerin üzerine sürüyoruz. Üzerine susam, çörek otu serpiyoruz. 180 derecelik fırında pişiriyoruz.

Not: İstenirse beyaz peynir veya lor peyniriyle hazırlayabilirsiniz.

Kopartmalı Börek

• 2 Ekmek hamuru • 1 Büyük patates (haşlanmış)
• 1 Adet kuru soğan • 250 gr kıyma • 1 Tutam maydanoz
• Tuz • Karabiber • 1 Çay bardağı çiçek yağı • 2 Kaşık yoğurt
• 1 Adet yumurta

YAPILIŞI

Kıyma soğanla kavrulur. İçine rendelenmiş patates ilave edilir. Tuzu, biberi koyup ocağın altını kapatırız. İnce doğranmış maydanoz ilave ederiz. Ekmek hamurunu cevizden biraz büyük koparıp avuç içi yağlayıp, hamuru açarız. Hazırladığımız içten koyup ağızlarını birleştirip yağlı tepsiye ağızları alta gelecek şekilde dizeriz. Yoğurt, yumurta, çiçek yağını karıştırıp hamurun üzerine süreriz. Börekler tekrar mayaya gelene kadar bekletiriz. 180 derece fırında pişirilir. Fırından çıkınca üzerine az su serpilir, üzeri kapatılıp 3 dakika bekletiriz.

Vişneli Paskalya Çöreği

Hamuru için

• Yarım paket yaş maya • 1 Çay bardağı süt
• 2 Çorba kaşığı tereyağı • 1 Adet yumurta • 1,5 Su bardağı un
• 4 Çorba kaşığı toz şeker • 1 Çorba kaşığı mahlep
• 3 Çorba kaşığı kırılmış badem

Üzeri için

• Vişne • Kırılmış badem • Pudra şekeri • Yumurta sarısı

YAPILIŞI

Yaş mayayı sütle birlikte eritiyoruz. Oda sıcaklığında tereyağını, yumurtayı kırıp karıştırıyoruz. Diğer taraftan unu, mahlebi, toz şekeri karıştırıyoruz ve sıvı karışımın üzerine döküp, hamuru yoğuruyoruz. Bu işlem devam ederken kırık bademleri hamura dahil ediyoruz. Hamur yeterince yoğrulunca altı bezeye bölüyoruz. Biraz burada mayalanınca uzunca rulo yapıp saç örgüsü yapıyoruz. Üzerine yumurta sarısı sürüp vişne, kırılmış badem yerleştiriyoruz. İyice mayalanınca 190 derecede pişiriyoruz. Fırından çıkınca üzerine pudra şekeri serpiyoruz.

Ev Usulü Pide

• 500 gr Un • 20 gr Maya • Yarım su bardağı süt
• 1 Çorba kaşığı toz şeker • 1 Tatlı kaşığı tuz
• 3 Çorba kaşığı çiçek yağı • Su
• (Sucuklu, beyaz peynirli, kaşar peynirli, yumurtalı)

YAPILIŞI

Karıştırma kabına unu alıp, ortasını açıyoruz. Mayayı koyuyoruz. Üzerine sütü döküyoruz. Tuzu, şekeri unun üzerine serpiyoruz. Maya eridikten sonra su ilave ederek hamuru yoğuruyoruz. Biraz hamuru dinlendiriyoruz. Sonra bezelere kesiyoruz. Biraz daha dinlendiriyoruz. Daha sonra merdaneyle açıyoruz. İçine koymak istediğimiz harcı koyduktan sonra kenarlarını içe kapatıyoruz Her iki ucundan tutup biraz söndürüp fırın tepsisine alıyoruz (fırın tepsisini yağlamıyoruz). Kenarlarına çırpılmış yumurta sürüyoruz. 220 derecede pişiriyoruz. Fırından çıkarınca kenarlarına fırçayla yağ sürüyoruz.

Sade Pohaça

• 5 su bardağı buğday unu • 200 gr Tereyağı veya margarin • 2 adet yumurta • 1 yemek kaşığı yaş maya • 1 bardak ılık su • 1 çorba kaşığı toz şeker • 1 çay kaşığı tepeleme tuz • 1 yemek kaşığı tepeleme mahlep

YAPILIŞI

Bir kaba unumuzu koyup, ortasını açıyoruz. Unun üzerine şekeri, tuzu ve mahlebi serpiyoruz. Unun ortasına yağı, yumurtayı, mayayı, ılık suyu ilave edip karıştırarak kulak memesi kıvamına gelene kadar yoğuruyoruz. Üstüne yağ, 1 yumurta, mahlep ve tuz koyup kulak yoğuruyoruz. Hamuru 10 dakika kadar dinlendiriyoruz. Sonra istenilen büyüklüklerde bezelere bölüyoruz. Yağlanmış bir tepsiye sıralayıp, parmak uçlarıyla bastırarak bezeleri yassılaştırıyoruz. Üzerine yumurta sarısı sürüyoruz. İsterseniz susam veya çörek otu ekip, 10 dakika daha tepsi mayası gelmesi için bekletiyoruz. 190 derecede önceden ısılıtılmış fırında nar gibi kızarana kadar pişiriyoruz. Ilık olarak servis yapıyoruz.

Not: Şef yanında iyi demlenmiş çay tavsiye ediyor.

Mini Pizza

• 5 Su bardağı un • Yarım çay bardağı çiçek yağı • Yarım paket yaş maya • 1 Adet yumurta • 1 Çay kaşığı tuz • 1 Çorba kaşığı toz şeker

İç malzemesi

• Domates, siyah zeytin, sosis, kaşar peyniri

YAPILIŞI

Karıştırma kabına unu döküyoruz. Ortasını havuz halinde açıyoruz. İçine mayayı, yumurtanın beyazını, çiçek yağını unun üzerine tuzunu, toz şekerini serpiştiriyoruz. Havuzun ortasındaki mayayı az miktarda suyla eritiyoruz ve yeterince suyla hamurun kıvamını yoğurarak ayarlıyoruz. Hamuru iyi bir şekilde yoğuruyoruz. Ceviz büyüklüğünde bezelere kesiyoruz. Yağlanmış bir tepsiye sıralayıp, parmak uçlarıyla bastırarak bezeleri yassılaştırıyoruz. Üzerine yumurta sarısı sürüyoruz. Üzerine istenilen malzemelerden (Domates-siyah zeytin, kaşar peynirli, sosisli-peynirli) koyup tepsi mayası geldikten sonra 200 derece ısıtılmış fırında yaklaşık 10 dakika kadar pişiriyoruz.

Limonlu Çörek

- 1 Çay bardağı tozu şeker • 1 Çay bardağı süt
- Yarım çay bardağı su • Yarım çay bardağı çiçek yağı
- Yarım paket yaş maya • 1 Adet yumurta
- 1 Çay kaşığı tuz • Alabildiği kadar un

İç malzemesi

- 100 gr margarin • 1 Çay bardağı toz şeker
- 1 Adet limon • 1 Paket vanilya
- 5 Çorba kaşığı mısır unu

YAPILIŞI

Karıştırma kabına mayayı, suyu, yumurtayı, sütü, şekeri, çiçek yağını koyup karıştırıyoruz. Tuzu, un ile karıştırdıktan sonra diğer karışımımıza ilave ediyoruz. Alabildiği kadar un koyuyoruz. Kulak memesi kıvamına gelince, hamuru dinlenmeye bırakıyoruz ve iç malzemesini hazırlıyoruz. Margarinin üzerine limon kabuğu rendesi ilave ediyoruz. Bir paket vanilyayı döküyoruz. Toz şekeri, mısır ununu, limon suyunu koyup karıştırıyoruz. Hamuru milföy hamuru kalınlığında açıyoruz. İçine harcımızı koyup rulo yapıyoruz. Bir parmak kalınlığında kesiyoruz. Tepsiye dizip mayası gelince 190 derecede pişiriyoruz.

EKMEK

Çeşitleri

Kepek Ekmeği

• 4 Su bardağı kepek unu • 1 Su bardağı un • 60 gr Maya
• 2 Çorba kaşığı toz şeker • Yarım çay bardağı çiçek yağı • Su • Tuz

Yapılışı: Karıştırma kabına normal unu, kepek ununu döküp her ikisini karıştırıyoruz ve ortasını havuz şeklinde açıyoruz. Mayayı, çiçek yağını ve suyu havuzun içine koyuyoruz. Tuzunu, şekerini ve unu üzerine serpiştiriyoruz. Yeteri kadar suyla hamuru yoğuruyoruz. 10 dakika dinlendiriyoruz. Sonra şeklini verip önce suya batırıyoruz, peşinden yulaf ezmesine batırıyoruz. Tekrar mayalanmaya bırakıyoruz. Mayası gelince 200 derecede ısıtılmış fırında ekmeğimizi pişiriyoruz. Sıcacık kepek ekmeğimiz hazır!

Zeytinli Baharatlı Ekmek

• 500 gr un • 100 gr Kepek • 40 gr yaş maya • 1 Çorba kaşığı toz şeker
• 1 Çorba kaşığı pul biber • 1 Tatlı kaşığı kekik • 1 Çay bardağı çiçek yağı
• 1 Çay bardağı doğranmış siyah zeytin
• 1 Tatlı kaşığı tuz • Alabildiği kadar su

Yapılışı: Karıştırma kabına unu döküp havuz şeklini veriyoruz. İçine yaş maya, yağ ve su ilave ediyoruz. Una, kepek, toz şeker, pul biber ve kekik doğranmış zeytinleri serpiştirip hamurumuzu yoğuruyoruz. Suyla hamurun kıvamını ayarlıyoruz. Tezgahın üzerine un serpip hamurumuzu buraya alıyoruz. Merdane yardımı ile tezgahın üzerinde 1 parmak kalınlığında açıyoruz. 4 parmak eninde 10 cm boyunda hamuru kesiyoruz. Yağlanmış fırın tepsisine alıyoruz. Tepside mayalanmasını bekliyoruz. Mayası gelince 190 derecede 10-15 dakika pişiriyoruz. Fırından çıkınca ekmeğimizi servise hazır hale getiriyoruz.

Cevizli Ekmek

• 500 gr Un • 1 Çorba kasesi iri kırılmış ceviz içi • Yarım paket yaş maya
• Yarım çay bardağı çiçek yağı • Bir çorba kaşığı toz şeker
• Bir tatlı kaşığı tuz • Bir çay bardağı süt
• Bir su bardağı kepek • Alabildiği kadar su

Yapılışı: Unun ortasını havuz şeklinde açıyoruz. Ortasına yaş maya, çiçek yağı, süt ilave ediyoruz. Unun üzerine toz şeker, tuz, kepek ilave ediyoruz. Su, maya, süt ve çiçek yağını hamurun ortasına koyup karıştırıyoruz ve unu yavaş yavaş ortaya doğru çekiyoruz. Yeterince su ile hamurumuzu kulak memesi kıvamına getiriyoruz. Hamuru özdeştirene kadar yaklaşık 5 dakika yoğuruyoruz. Ceviz parçalarını hamura ilave ediyoruz. İstediğimiz büyüklükte bezeleri kesip, şeklini verdikten sonra suya batırıyoruz ve sadece üst kısmını yulaf ezmesine batırıyoruz. 190-200 derecede 10-15 dakika pişiriyoruz.

Karbonatlı Ekmek

· 500 gr Un · 1 Tatlı kaşığı karbonat · 1 Çorba kaşığı toz şeker · 1 Tatlı kaşığı tuz · Yarım çay bardağı çiçek yağı · Yeteri kadar su

Yapılışı: Unu karıştırma kabına alıyoruz. Ortasını açıyoruz. İçine çiçek yağı, su koyuyoruz. Unun üzerine tuz, toz şeker, karbonat koyuyoruz. Yavaş yavaş unu dahil ederek yoğuruyoruz. İstediğimiz şekli verip fırın tepsisine koyuyoruz. 180 derecede pişiriyoruz. **Not: 1** Karbonatlı ekmeği isterseniz kalıplarda pişirebilirsiniz. İçinde maya olmadığı için mayalandırmaya gerek yok. **2** Ekmeğimizin rengi sarımsı bir renk alır.

Domatesli Taze Otlu Ekmek

· 500 gr Un · Yarım paket yaş maya · Yarım çay bardağı çiçek yağı · 1 Çorba kaşığı toz şeker · 1 Çorba kaşığı tuz · 2 Adet domates · Biraz dereotu · Maydanoz · Taze nane · Fesleğen · Pul biber

Yapılışı: Unu karıştırma kabına alıyoruz. Ortasını açıp, yaş maya, yağ, su koyuyoruz. Unun üzerine tuz, toz şeker, kabukları soyulmuş küp küp doğranmış domates, ince doğranmış dereotu, maydanoz, fesleğen, nane, pul biber koyuyoruz. Yavaş yavaş unu havuzun içine alarak yoğuruyoruz. İstediğimiz şekli vererek, istersek üzerine çörek otu, susam, kekik serpiyoruz. Mayası gelince 180 derecede pişiriyoruz.

Fındıklı Ekmek

• 500 gr un • 1 Adet yumurta • Yarım paket yaş maya • Yarım çay bardağı çiçek yağı • 1 Çorba kasesi toz fındık • 1 Çay bardağı süt • 1 Tatlı kaşığı tuz • 1 Çorba kaşığı toz şeker • Alabildiği kadar su

Yapılışı: Unu karıştırma kabına alıyoruz. Ortasını açıp içine yaş maya, yağ, su ve süt koyuyoruz. Unun üzerine toz fındık, tuz, şeker ilave ediyoruz. Havuzun ortasını karıştırıyoruz. Unu havuza dahil edip yoğuruyoruz. Hamburger veya sandviç ekmeği şeklinde şekil verip fırın tepsisine alıyoruz. Üzerine yumurta sürüyoruz, fındık serpip tepside mayasının gelmesini bekliyoruz. 190 derecede pişiriyoruz.

Kış Ekmeği

• 4 Su bardağı un • Yarım paket yaş maya • 2 Adet portakal kabuğu rendesi ve suyu • 1 Tatlı kaşığı tuz • 1 Çorba kaşığı toz şeker • Yarım çay bardağı çiçek yağı

Yapılışı: Unu karıştırma kabına alıyoruz. Ortasını açıp yaş maya, portakal suyu, çiçek yağı ilave ediyoruz. Unun üzerine portakal kabuğu rendesi, tuz, toz şeker koyuyoruz. Yavaş yavaş unlu harcı havuzun ortasına alarak yoğuruyoruz. Suyla hamurumuzun kıvamını kulak memesi yumuşaklığına getiriyoruz. İyice yoğurup özdeştiriyoruz. İstediğimiz şekli verip fırın tepsisine alıyoruz. Fırınımızı 40 veya 50 dereceye getiriyoruz. 10 dakika bekletiyoruz (hızlı mayalandırma). Ekmeğimizi mayalandırıyoruz. Ekmekleri çıkarıp fırınımızı 190 dereceye getirip pişiriyoruz.

Sandviç Çeşitleri

• 500 gr Un • Yarım paket yaş maya • Yarım çay bardağı çiçek yağı • 1 Çorba kaşığı toz şeker • 1 Çorba kaşığı silme tuz • Yeteri kadar su • Üzerine sürmek için yumurta

Yapılışı: Unu karıştırma kabına alıyoruz. Ortasını açıyoruz, yaş maya, yağ ve su koyuyoruz. Unun üzerine şeker, tuz serpiyoruz. Önce unun ortasındaki mayayı eritip yavaş yavaş unu havuza alıp yoğuruyoruz. Sandviç şeklini veriyoruz. Üzerine yumurta sürüyoruz. İsteğe bağlı olarak çörek otu, susam, yulaf serpip, fırın tepsisine alıyoruz. Tepsi mayası gelene kadar bekletiyoruz. Önceden ısıtılmış 190 derece fırında pişiriyoruz.

Taze sıcacık sandviç ekmeklerimiz hazır!

Sütlü ve Yumurtalı Ekmek

• 500 gr Un • 1 Adet yumurta • Yarım paket yaş maya • 1 Çorba kaşığı toz şeker • Yarım çay bardağı çiçek yağı • 1 Tatlı kaşığı tepeleme tuz • Alabildiği kadar soğuk süt • Susam • Çörekotu • Yulaf ezmesi

Yapılışı: Unu karıştırma kabına alıyoruz, ortasını açıyoruz. Yaş maya, yumurta, yağ, süt ilave ediyoruz. Unun üzerine tuz, şeker ilave ediyoruz. Yavaş yavaş havuzun ortasına unu alarak yoğuruyoruz. Ekmeğimize istediğimiz şekli verip üzerine çörek otu veya susam serperek fırın tepsisine alıyoruz. Mayalanınca 190 derece fırında pişiriyoruz.

Yoğurtlu-Soğanlı-Patatesli Ekmek

• 500 gr Un • Yarım paket yaş maya • 1 Su bardağı yoğurt • 2 Adet patates • 1 Adet kuru soğan • 1 Çorba kaşığı toz şeker • 1 Çorba kaşığı tuz • 2 Çorba kaşığı çiçek yağı • Alabildiği kadar su

Yapılışı: Unu karıştırma kabına alıyoruz. Ortasını açıyoruz. Yaş maya, yoğurt, yağ, su ilave ediyoruz. Unun üzerine haşlanmış patatesi doğruyoruz. Kuru soğanı kavurup soğutuyoruz. Bunu da unun üzerine serpiyoruz. Tuz, toz şeker ilave ediyoruz. Yavaş yavaş unu da dahil ederek yoğuruyoruz. İstediğimiz şekli verip üzerine yoğurt sürüp, susam serpiyoruz. Mayalanmasını bekliyoruz. 180 derecede pişiriyoruz.

Bütün hamur işleri için hızlı mayalandırma yöntemi

Fırınımızı 50 dereceye getiriyoruz. Yapacağımız hamuru 10 dakika fırınımızda beklettikten sonra çıkarıyoruz. Sonra pişirmek için fırınımızı gerekli sıcaklığa getiriyoruz ve hamurumuzu pişiriyoruz.

Kekler
Pastalar

Vişneli Browni

- 4 Adet yumurta
- 1,5 Su bardağı toz şeker
- 1 Su bardağı un
- 1 Paket kabartma tozu
- 125 gr Tereyağı
- 125 gr Margarin
- 250 gr Çikolata
- 1 Su bardağı vişne

YAPILIŞI

Yumurtaları kırıyoruz. Şekeri ilave edip eriyene kadar karıştırıyoruz. Üzerine un ile karıştırılmış kabartma tozunu ilave ediyoruz. Tereyağı ile margarini birlikte kaynatıyoruz ve üzerine döküyoruz. Benmari usulüyle bitter çikolataları eritip karışımın üzerine döküyoruz. Hepsini birlikte karıştırıyoruz. Yağlanmış fırın kabına döküp üzerine aralıklı bütün vişneleri diziyoruz. 150 derece ısıtılmış fırında 55 dakika pişiriyoruz.

Not: İstenirse cevizli ya da meyvalı hazırlanabilir.

Kakaolu Kek

• 4 adet yumurta • 1,5 Su bardağı toz şeker
• 1 Su bardağı çiçek yağı • 1 çay bardağı süt
• 1 Paket kabartma tozu • Aldığı kadar un • 2 Çorba kaşığı kakao

YAPILIŞI

Karıştırma kabının içerisine yumurtayı kırıyoruz ve üzerine toz şeker ilave ediyoruz. Mikserle köpürtüyoruz. Çiçek yağını, sütü, unu ve kabartma tozunu ilave edip, mikserimizin düşük devirinde karıştırıyoruz. Kekimizin kıvamı tahin kıvamında olmalı.

Hazırladığımız harcımızdan 1 çorba kasesi alıp, kakaoyla karıştırıyoruz. Kek kalıbımızı yağlayıp, unladıktan sonra önce beyaz harcı döküp peşinden kakaolu harcı koyup, 170 derece ısıtılmış fırında 35 ile 40 dakika arasında pişiriyoruz.

Elmalı Şutrudel

• 100 gr Margarin • 1 Adet yumurta
• 1 Çay bardağı pudra şekeri
• 1 Tatlı kaşığı kabartma tozu
• Alabildiği kadar un

İç Harcı

• 3 Adet elma • 1 Çorba kaşığı margarin
• 3 Çorba kaşığı kuru üzüm • 2 Çorba kaşığı toz şeker
• 1 Adet portakal kabuğu rendesi • 2 Çorba kaşığı kırılmış fındık
• Marmelat veya tarçın

YAPILIŞI

Hamurun Yapılışı: Karıştırma kabına oda sıcaklığında yumuşamış margarin, yumurta, pudra şekeri koyup, birlikte karıştırıyoruz. Daha sonra unu ve kabartma tozunu ilave ediyoruz. Alabildiği kadar un ile kulak memesi yumuşaklığına getirip, dinlendiriyoruz. Hamurun altını unlayıp merdaneyle açıyoruz. Elma harcı koyup rulo yapıyoruz. Üzerine yumurta sürüp kenarlarından çıkan hamurdan yapraklar ve değişik motifler yapıyoruz. Üzerine yine yumurta sürüp 180 derecelik fırında pişiriyoruz.

İç Harcın Yapılışı: Tavaya yağı koyup eritiyoruz. Küp doğranmış elmaları ilave ediyoruz. Üzümü, şekeri, fındığı, portakal kabuğunu, tarçın ya da marmelatı koyuyoruz. Böylelikle iç harcı hazırlamış oluyoruz.

Karışık Meyveli Tartolet

• 2 Adet elma • 2 Adet armut • 2 Adet ayva • 2 Çorba kaşığı bal
• 2 Çorba kaşığı toz şeker • 1 Çorba kaşığı tereyağı

Hamuru için

• 250 gr Tereyağı • 1 Su bardağı pudra şekeri • 3 Adet yumurta
• Yarım paket kabartma tozu • Alabildiği kadar un

Hamurun üstü için

• 1 Paket şanti • 1 Çay kaşığı tarçın
• Süslemek için portakal veya başka meyveler

YAPILIŞI

Tencereye sütü, unu, vanilyayı koyup çırpma teliyle karıştırıyoruz. Ocağa alıp, altını yakıyoruz. Telimizle karıştırmaya devam ediyoruz, kaynamaya başlayınca toz şekeri ilave ediyoruz. Koyulaşan kremanın içinden teli çıkarıp, tahta kaşıkla karıştırarak kremamızı pişiriyoruz. Soğuduktan sonra, şantiyle sütü ayrı bir yerde köpürtüp, kremanın içerisine ilave edip karıştırıyoruz. Böylelikle kremamız hem yumuşak bir kıvam alıyor, hem de lezzetli oluyor.
Pişirdiğimiz tartın içerisine kremayı dolduruyoruz. Her tarafına eşit bir şekilde yayıyoruz. Mevsimine göre mevyalarla üzerini donatıyoruz. Tartımız servise hazırdır.

Tart hamuru: Unu karıştırma kabının içerisine alıp, ortasını açıyoruz. Margarini, yumurtayı havuza koyup, parmak uçlarımızla karıştırıyoruz. Unun üzerine, pudra şekeri ve kabartma tozunu serpip biraz daha yoğuruyoruz (fazla yoğurmuyoruz). Fırına dayanaklı küçük kalıpların içini yağladıktan sonra tart hamuruyla kaplıyoruz. 180 derece ısıtılmış fırında pişiriyoruz.

Çikolatalı Kelebek Pasta

Pandispanyası

• 1 Su bardağı toz şeker • 5 Adet yumurta • Alabildiği kadar un • 3 Çorba kaşığı kakao • 1 Paket kabartma tozu

Kreması için

• Yarım litre süt • 3 Çorba kaşığı tepeleme un • 1 Su bardağı toz şeker • 1 Paket vanilya

Yapılışı: Hepsi soğuk olarak tencereye konur, çırpma teliyle karıştırılarak pişirilir. Soğuduktan sonra köpürtülmüş sade şantiyle karıştırıyoruz.

Şantisi (sade)

• 1 Paket toz şanti • 1 Su bardağı süt

Şantisi (çilekli)

• 1 Paket toz şanti • 1 Çay bardağı süt

İç malzemesi

• Kayısı • Kiraz • Erik

YAPILIŞI

Yumurtayı ve şekeri karıştırma kabına alıyoruz mikserle köpürtüyoruz. Köpürünce kakaoyu ilave edip karıştırıyoruz.
Üzerine unu, kabartma tozunu ilave ediyoruz. Bütün harcı mikserle karıştırıyoruz. Yağlanmış kalıba döküp, 170 derecede 30-35 dakika pişiriyoruz. Pandispanyamız soğuduktan sonra, 3 kata bölüyoruz. Pişirmiş olduğumuz kremayı katlar arasına sürüyoruz. Kremanın üzerine isteğimize göre meyva veya çikolata parçaları serpiyoruz. Sonra köpürtülmüş şantiyle pastamızın üzerini kaplıyoruz.

Pastamızı V şeklinde kesip, sağdaki parçayı sola, soldaki parçayı sağa alıyoruz. kanatların üzerine torbayla şanti sıkarak şekiller verip, benekleri koyuyoruz.

Not: İstenirse fotoğraftaki gibi bütün olarak da hazırlayabilirsiniz.

Profiterol ve Ekler Pasta

Hamuru için
• 1,5 Su bardağı su • 100 gr Margarin • 1 Tatlı kaşığı toz şeker
• 1 Fiske tuz • 1,5 Su bardağı un • 4 Adet yumurta

Kreması için
• 500 gr süt • 4 Çorba kaşığı un • 2 Çorba kaşığı kakao
• 1 Su bardağı toz şeker • 1 Poşet toz şanti

Üzeri için
• 40 gr Bitter çikolata • 1 Çorba kaşığı margarinle eritiyoruz

YAPILIŞI

Profiterol, ekler ve mini ekler pastanın harcını aynı harctan hazırlıyoruz. Tencerenin içine su koyuyoruz. Üzerine tuz, şeker ilave ediyoruz. Margarin ilave edip eritiyoruz. Kaynamaya başlayınca yavaş yavaş unu koyuyoruz. Koyulaşınca tahta kaşıkla karıştırıyoruz. Kısık ateşte pişiriyoruz. Hamuru pişirince soğumaya bırakıyoruz, ara sıra karıştırıyoruz. Hamurun sıcaklığını parmağımızla kontrol ediyoruz. Soğumuşsa içine yumurtaları birer birer karıştırıp ilave ediyoruz. Mikserle yumurtaları iyice yediriyoruz. Hamurun kıvamı şanti torbasından sıkılacak kıvama gelene kadar yumurta ilave edebiliriz. Kıvamı ayarlayınca hamuru şanti torbasına alıyoruz. Yuvarlak profiterol, yarım parmak boyunda mini ekler, biraz daha uzun ekler pasta şeklini vererek 150 derecede fırının orta katında yarım saat pişiriyoruz. Hamuru kabartıp kurutuyoruz. Bu süreç içerisinde fırının kapağını açarsak, hamurumuz çökme yapabilir. Fırından çıkartıp içlerini kremayla dolduruyoruz. Eklerimizi benmari usulü ile eritilmiş çikolataya ya da bala-susama batırıp, servise hazır hale getiriyoruz.

Meyvalı Tart

Krema için:
- Yarım kilo süt
- Üç çorba kaşığı un
- Altı çorba kaşığı toz şeker
- 1 Paket toz şanti
- 1 Çay bardağı soğuk süt

Tart hamuru için:
- 2.5 su bardağı Un
- 1 çay kaşığı kabartma tozu
- 125 gr Margarin
- Yarım su bardağı Pudra şekeri
- 1 Adet yumurta

YAPILIŞI

Tencereye sütü, unu, vanilyayı koyup çırpma teliyle karıştırıyoruz. Ocağa alıp, altını yakıyoruz. Telimizle karıştırıyoruz, kaynamaya başlayınca toz şekeri ilave ediyoruz. Koyulaşan kremanın içinden teli çıkarıp, tahta kaşıkla karıştırarak kremamızı pişiriyoruz. Soğuduktan sonra, şantiyle sütü ayrı bir yerde köpürtüp, kremanın içerisine ilave edip karıştırıyoruz. Böylelikle kremamız hem yumuşak bir kıvam alıyor, hem de lezzetli oluyor.

Pişirdiğimiz tartın içerisine kremayı dolduruyoruz. Her tarafına eşit bir şekilde yayıyoruz. Mevsimine göre

mevyalarla üzerini donatıyoruz. Tartımız servise hazırdır.

Tart hamuru: Unu karıştırma kabının içerisine alıp, ortasını açıyoruz. Margarini, yumurtayı havuza koyup, parmak uçlarımızla karıştırıyoruz. Unun üzerine, pudra şekeri ve kabartma tozunu serpip biraz daha yoğuruyoruz (fazla yoğurmuyoruz). Fırına dayanaklı kalıbın içini yağlandıktan sonra tart hamuruyla içini kaplayıp, çatalla 6-7 yerinden deliyoruz. 180 derece ısıtılmış fırında pişiriyoruz.

Rulo Pasta

Pandispanyası
- 4 Adet yumurta
- 1,5 Çay bardağı pudra şekeri
- 1 Çay bardağı mısır nişastası
- 1 Çay bardağı un
- 1 Paket vanilya
- 1 Tatlı kaşığı kabartma tozu

Pastanın içi
- Çilek marmelatı
- Mevsim meyveleri

YAPILIŞI

Karıştırma kabına yumurtayı kırıyoruz. Üzerine pudra şekerini ilave ediyoruz. Mikserle bir iki dakika çırpıyoruz. Daha sonra mısır nişastasını, unu, kabartma tozunu, vanilyayı dahil ediyoruz. Mikserin en düşük devrinde karıştırıyoruz. Kıvamını kontrol ediyoruz (kıvamı tahin koyuluğunda olacak). Fırın tepsisine yağlı kağıt seriyoruz. Hazırladığımız harcı tepsiye döküyoruz. Her tarafının eşit kalınlıkta olmasına özen gösteriyoruz. 170 derece ısıtılmış fırında 10 ya da 15 dakika pişiriyoruz. Sıcaklığı çıktıktan sonra fırın tepsisini ters çevirip yağlı kağıdı pandispanyadan ayırıyoruz ve yine üzerine kapatıp tekrar eski haline getiriyoruz. Böyle yapmamızın nedeni pastayı rulo yaparken kolaylık sağlaması. Pastanın içine meyve marmelatı mevsim meyveleri şanti veya krema sürerek rulomuzu hazırlıyoruz.

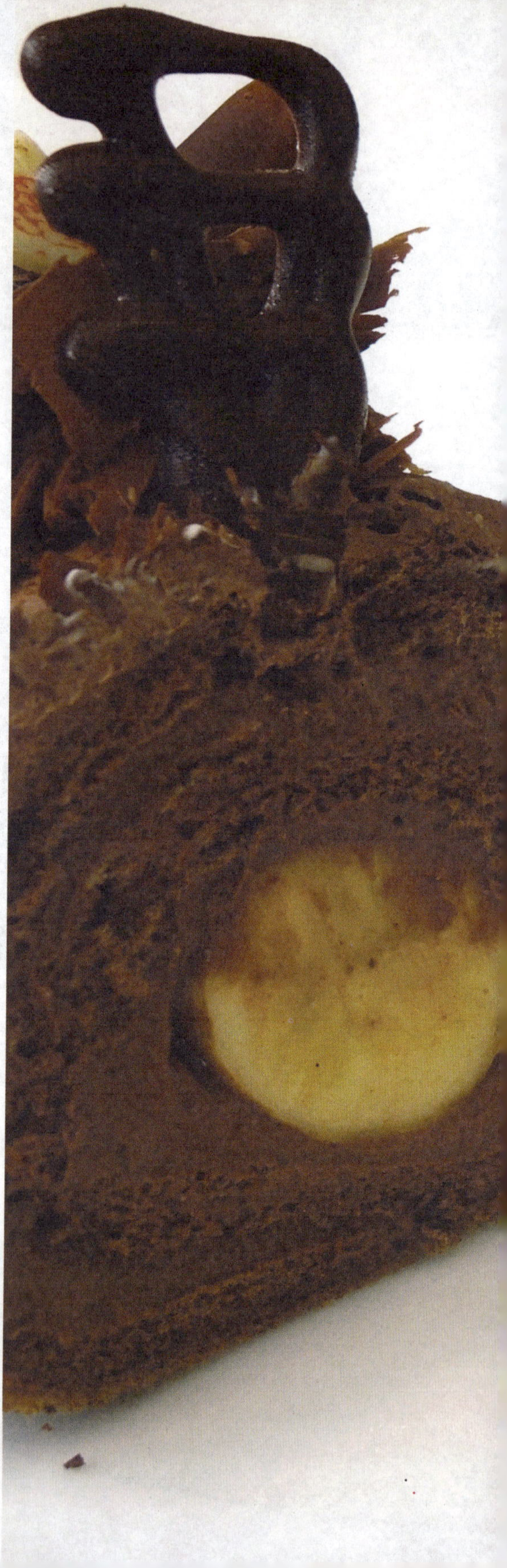

Cheese Kek

• 1 Paket toz şanti • 2 Su bardağı süt
• 1 Adet rendelenmiş limon kabuğu ve suyu • 2 Adet yumurta beyazı
• 1 Paket labne peynir • 3 Çorba kaşığı pudra şekeri

YAPILIŞI

Şantiyi köpürtüyoruz. Labne peynirini ilave ediyoruz. Yumurta beyazını bir çimdik tuzla birlikte köpürtüyoruz. Üzerine pudra şekerini ilave edip, karıştırıyoruz ve köpürtülmüş şantiyle buluşturuyoruz. Bunların da üzerine limon kabuğu rendesi ve suyunu koyuyoruz. İstediğimiz herhangi bir kalıbın içine streç film seriyoruz. Üzerine hazırladığımız harcı dolduruyoruz. Bir gece derin dondurucu da beklettikten sonra çıkartıp dilimler şeklinde keserek, çilek sosuyla süslüyoruz.

Çilek sosu: Bir kase çilek, 2 çorba kaşığı pudra şekeriyle birlikte mikserde karıştırılıp sos olarak kullanılır.

İç Baklalı Esmer Tatlı

• 2 Su bardağı iç bakla • 2 Su bardağı toz şeker
• 1 Adet portakal kabuğu rendesi • 1 Paket vanilya
• 1 Çorba kaşığı margarin • 1 Çorba kaşığı kakao

YAPILIŞI

Önceden ıslatılmış baklanın, üzerine çıkacak kadar su koyup haşlıyoruz. Baklalar pişince içine toz şeker ilave ediyoruz. Birlikte kaynatıp, portakal kabuğu rendesi, vanilya ve margarin ilave ediyoruz.
Bu malzemeyi mikserle çırpıyoruz. İki renkli yapmak istersek bir kaba bu harçtan alıp içine bir kaşık kakao koyup karıştırırız. Kalıbın altına açık renkten, ortaya kakaodan, üstüne yine açık renkten koyarız soğutup ters çeviririz.

Not: İstersek hepsi çikolata renginde olabilir.

Ballı Frambuazlı Beze

• 3 Adet yumurta beyazı • 250 gr Toz şeker

İç harcı

• 1 çorba kasesi frambuaz • 2 çorba kaşığı bal

YAPILIŞI

Yumurta beyazı ile şekeri benmari usulü ısıtıyoruz ve ocaktan alıyoruz. Mikserle köpürtüp koyulaştırıyoruz (şanti torbasından sıkılacak kıvama gelene kadar). Fırın tepsisine yağlı kağıt serip, üzerine istediğimiz şekillerde bezemizi sıkıyoruz. 140 derecede önceden ısıtılmış fırında yaklaşık yarım saat kurutuyoruz (fırının kapağının açılmaması gerekir). Fırından çıkıp soğuduktan sonra balla karıştırılmış frambuazı üzerine döküyoruz. Naneyle süslüyoruz.

Limonlu Parfe

• 1 Paket sade petibör bisküvi • 125 gr Margarin • 1 Adet limon
• 1 Paket toz şanti • 1,5 Su bardağı süt
• 2 Adet yumurta beyazı • Yarım su bardağı toz şeker

Üzerine Çilek Sosu:

• 1 Kase çilek • 2 Çorba kaşığı pudra

YAPILIŞI

Bisküvileri toz haline getiriyoruz. Üzerine limon kabuğu rendeliyoruz. Margarini eritip bisküvilerin üzerine döküyoruz. Margarinle harcı yediriyoruz. Parfemize uygun kalıbımızın altına naylon veya streç film seriyoruz. Harcımızı yayıp iyi bir şekilde sıkıştırıyoruz.

Parfe harcı: karıştırma kabına şantiyi ve sütü koyup köpürtüyoruz. Diğer bir kapta yumurta beyazının üzerine bir fiske tuz koyup çırpıyoruz, köpürtüyoruz ve toz şekeri yediriyoruz. Kıvamı koyulaşıp şeker eriyince işlemi tamamlıyoruz. Bunun üzerine şantiyi ve limon suyunu ilave edip karıştırıyoruz, kalıbımıza dolduruyoruz. Bir gece derin dondurucuda bekletiyoruz. Servis tabağına ters çeviriyoruz üzerine çilek ve pudra şekerini parçalayıcıda püre yapıp parfemizin üzerine döküyoruz.

Not: Bu parfeye yuvarlak kalıp kullanılması uygundur.

Piramit Pasta

• 1 paket petibör bisküvi

Kreması için

• 250 gr Krema • 250 gr Bitter çikolata • 100 gr margarin

YAPILIŞI

Kremayı tencereye koyup bir dakika kaynatıyoruz. Kaynayınca altını kapatıp, parçalara bölünmüş bitter çikolatayı ilave edip ara sıra karıştırıyoruz. Ilıyınca içine margarini koyup karıştırıyoruz. Oda sıcaklığına gelince buzdolabına koyuyoruz. Soğuyunca sertleştiği için, sürelebilir krema kıvamına gelene kadar, çırpma teliye biraz daha karıştırıyoruz. Sonra bisküvi üzerine kahvaltı bıçağıyla sürüyoruz. Kalınlığı bisküvi kadar olmalı. Sürme işlemi bitince 5 tanesini üst üste koyuyoruz (en son kata sürmüyoruz). Pastamızı yaklaşık 1 saat kadar daha buzdolabında bekletiyoruz. Daha sonra dolaptan çıkarıp çapraz bir şekilde kesiyoruz.

iki parçayı üçgen oluşturacak şekilde sırt sırta koyuyoruz. Üzerine krema harcından sürüp kenarlarını kapatıyoruz. Pastamızı buzdolabında saklayıp, istediğimiz zaman servis yapabiliriz.

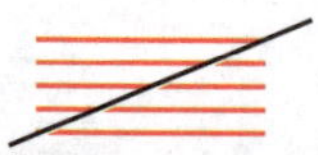

Kesim şekli

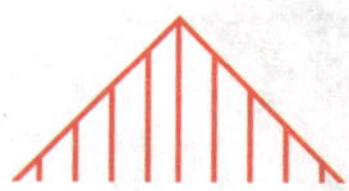

Tamamlanmış hali

Zeytinli Kek

- 3 Adet yumurta
- 1 Su bardağı süt
- Alabildiği kadar un
- 1 Su bardağı çiçek yağı
- 1 Paket kabartma tozu
- 1 Fincan doğranmış siyah zeytin
- 8 Adet dolma yeşil zeytin
- 2 Adet közlenmiş kırmızı biber
- 1 Tutam taze fesleğen

YAPILIŞI

Yumurtaları kırıp çırpma teliyle biraz çırpıyoruz. Üzerine sütü, çiçek yağını ilave edip tekrar karıştırıyoruz. Doğranmış zeytin çeşitlerini fesleğeni küp doğranmış kırmızı biberi koyup karıştırıyoruz. Unu kabartma tozunu, tuzu ilave edip, alabildiği kadar unla kıvamını ayarlıyoruz (kek hamuru yumuşak kıvamda olmalı). İstediğimiz kalıpları yağlayıp hamurumuzu dolduruyoruz.
170 derecede ısıtılmış fırında pişiriyoruz.

Elmalı-Havuçlu Çikolatalı Kek

• 1 Fincan damla çikolata • 1 Adet havuç • 1 Adet golden elma
• 1 Fincan kuru üzüm • 1 Fincan kırılmış ceviz
• 1 Çay bardağı çiçek yağı • 5 Adet yumurta
• 1,5 Su bardağı toz şeker • 1 Paket kabartma tozu
• Alabildiği kadar un

YAPILIŞI

Yumurta ve şekeri köpürtüyoruz. Havucu rendeleyip tahta üzerinde kıyıyoruz. Yumurtalı harcın içine atıyoruz. Cevizi, üzümü, çikolatayı, çiçek yağını ve elmayı direk bu karışımın içerisine rendeliyoruz ve karıştırıyoruz. Kabartma tozunu, un ile karıştırıp ilave ediyoruz. Tahta kaşıkla karıştırarak alabildiği kadar un ilave ediyoruz (hamuru çok katı olmayacak). Altına yağlı kağıt serip 160 derecelik fırında pişiriyoruz.

Peynirli-Kayısılı Sufle

• 4 Adet yumurtanın sarısı • 50 gr Tereyağı • 50 gr Toz şeker
• 1 Poşet vanilya puding • 1 Ade rendelenmiş limon kabuğu ve suyu
• 200 gr Tuzsuz beyaz peynir • Aldığı kadar un (unu az olacak)
• 4 Adet yumurtanın beyazı • 1 Çimdik tuz • 1 Çay bardağı toz şeker

Üzeri için:

• Kayısı • Yeşil fıstık, pudra şekeri (soğuduktan sonra serpilecek)

YAPILIŞI

Yumurta sarısını, oda sıcaklığında yumuşamış tereyağını ve toz şekeri ilave edip karıştırıyoruz. Hemen peşinden limon kabuğu rendesi ve suyunu koyup karıştırıyoruz. Diğer tarafta yumurta beyazını bir çimdik tuzla birlikte köpürtüyoruz, köpürtme işlemi tamamlanınca, toz şekeri yediriyoruz. Şeker konulunca koyulaşır köpüren karışımı ateşte karıştırıyoruz. Yağlanmış, unlanmış fırın kabına boşaltıyoruz. Üzerine ortadan ikiye kesilmiş kayısılar diziyoruz.

Üzerine biraz toz şeker serpiyoruz, iyi kızarına kadar 180 derecede pişiriyoruz. En son üzerine kırılmış yeşil fıstık ve pudra şekeri serpiyoruz.

Çilekli Yaş Pasta

Keki (pandispanya) için

• 4 Adet yumurta • 1 Su bardağı toz şeker • Yarım su bardağı mısır nişastası • 1 Adet limon kabuğu rendesi • 1 Paket vanilya • 1 Tatlı kaşığı kabartma tozu

Kreması için

• Yarım litre süt • 1 Su bardağı toz şeker • 4 Çorba kaşığı un • 300 gr Çilek püresi

Çilek sosu için

• 1 Çay bardağı çilek püresi • 1 Çay bardağı su • 2 Çorba kaşığı toz şeker • 1 Tatlı kaşığı mısır nişastası • 1 Bütün paket şanti • 1 Su bardağı soğuk süt

YAPILIŞI

Pandispanyanın yapılışı

Bir kabın içerisine 4 adet yumurayı kırıp üzerine şekeri ilave edip mikserle köpürtüyoruz. Nişastayı, limon kabuğu rendesini, vanilyayı, aldığı kadar unu, kabartma tozunu ilave edip kalıba döküyoruz.
180 derece ısıtılmış fırına veriyoruz.

Kremanın yapılışı

Tenceremizin içerisine sütü, şekeri, unu koyup çırpma teliyle karıştırarak pişiriyoruz. Soğuyunca içerisine çilek püresi yediriyoruz.

Çilek sosu

Çileği püre haline getirip üzerine suyunu, şekerini, mısır nişastasını ilave ediyoruz. Sonra çırpma teliyle karıştırıp, bir taşım kaynatıyoruz ve soğuk olarak kullanıyoruz.

Pastanın yapılışı

Pandispanyayı 3'e kesiyoruz ve şerbetle ıslatıyoruz. Kremayı ikiye bölüyoruz. Üst üste pastamızın katlarını oluşturuyoruz. Sütle birlikte köpürtülmüş şantiyle pastamızı sıvıyoruz. Pastamızı fotoğrafındaki gibi süslüyoruz. Hazırlamış olduğumuz çilek sosunu, pastamızın üzerindeki boşluklara dolduruyoruz. Buzdolabında bir süre bekledikten sonra, servise hazır hale getiriyoruz.

kurabiyeler

Fındıklı Un Kurabiyesi

• Yarım paket oda sıcaklığında margarin • 2 kahve fincanı pudra şekeri
• 2 kahve fincanı dövülmüş fındık • 12 kahve fincanı un

YAPILIŞI

Derin bir kapta margarini pudra şekerini dövülmüş fındığı iyice karıştırıyoruz. İçerisine unu ilave ediyoruz. Hamurumuz hazır olduktan sonra, 1 tatlı kaşığı kakaoyu üzerine serpip hafif yoğurarak ebruli bir görüntü elde ediyoruz. Karışımdan istediğimiz büyüklükte parçalar koparıp yuvarlıyoruz. Fırın tepsisine düzgün bir şekilde diziyoruz. Önceden ısıtılmış 170 derecedeki fırına koyup yaklaşık olarak 15-20 dakika pişiriyoruz.

Not: Pembeleşmesi beklenmemelidir.

Hindistan Cevizli Kurabiye

• 250 gr Margarin • 1,5 Su bardağı pudra şekeri
• 6 Çorba kaşığı hindistan cevizi (3 kaşık hamura diğeri üzerine)
• 2 Adet yumurta sarısı • 1 Paket kabartma tozu
• Yaklaşık 10 Çorba kaşığı un

YAPILIŞI

Unumuzu karıştırma kabına alıyoruz. Margarini, yumurta sarısını, pudra şekerini koyup karıştırıyoruz. Üzerine hindistan cevizi, vanilya, kabartma tozu, alabildiği kadar un ilave edip karıştırıyoruz. Hamuru ceviz büyüklüğünde yuvarlayıp önce yumurta beyazına sonra hindistan cevizine batırıp tepsiye diziyoruz. 180 derece fırında 15-20 dakika pişiriyoruz.

Çikolatalı Kurabiye

- 125 gr margarin (oda sıcaklığında) • 1 Çorba kaşığı yoğurt
- 1 paket bitter çikolata • 1,5 Çay bardağı pudra şekeri
- 1 Paket kabartma tozu • 1 Paket vanilya • Alabildiği kadar un

YAPILIŞI

Karıştırma kabında önce margarini karıştırıyoruz. Yumuşayınca yoğurdu, pudra şekerini ilave edip biraz daha karıştırıyoruz. Üzerine unu, kabartma tozunu, vanilyayı ekleyip hamuru yoğuruyoruz. Aldığı kadar un ile kulak memesi yumuşaklığında olacak hamuru tezgah üzerinde, merdaneyle kurşun kalem kalınlığında açıyoruz. İstediğimiz şekillerde kesiyoruz. Fırın tepsisine yerleştiriyoruz ve 170 derecede pişiriyoruz. Fırından çıkınca biraz soğumasını bekledikten sonra üzerine benmari usulü çikolatayı yağlı kağıdı külah yapıp şekilli olarak sıkıyoruz. Servise hazır hale getiriyoruz.

Not: Şef yanında limonata önerir.

Mısır Unlu Kurabiye

• 1,5 Su bardağı mısır unu • 1 Su bardağı pudra şekeri
• 1 Su bardağı normal un • 2 Adet yumurta • 1 Paket kabartma tozu
• 2 Adet limon kabuğu rendesi • 125 gr margarin • Yarım limon suyu

YAPILIŞI

Karıştırma kabına unu, pudra şekerini, kabartma tozunu koyup karıştırıyoruz. Ortasını havuz şeklinde açıyoruz. Erittiğimiz margarini, yumurta sarısını, limon suyunu ve bir limon kabuğu rendesini koyup karıştırıyoruz. Margarin sıcak olmayacak, eğer hamur katı olursa ayırdığımız yumurta akını biraz yedirip karışımı yumuşatıyoruz ve merdaneyle açıyoruz. Hamuru kesip, ayırdığımız yumurta beyazından sürüp limon kabuğu serpiyoruz. 180 derecede pişiriyoruz.

Erikli Kurabiye

• 250 gr margarin (oda sıcaklığında) • 1 Çorba kaşığı yoğurt
• 1 Adet limon kabuğu rendesi • 1,5 Çay bardağı pudra şekeri
• 1 Paket kabartma tozu • 1 Paket vanilya • Alabildiği kadar un

YAPILIŞI

Karıştırma kabında önce margarini karıştırıyoruz. Yumuşayınca yoğurdu, liman kabuğu rendesini, pudra şekerini ilave edip bir tur karıştırıyoruz. Üzerine unu, kabartma tozunu, vanilyayı ekleyip hamuru yoğuruyoruz. Aldığı kadar un ile kulak memesi yumuşaklığına gelen hamuru, uzunca rulo yapıp kesiyoruz ve yuvarlıyoruz. Ortasını delerek içine ortadan ikiye kesilmiş kırmızı erikleri koyarak yağlanmış fırın tepsisine yerleştiriyoruz ve 190 derecede pişiriyoruz. Fırından çıkınca biraz soğumasını bekledikten sonra üzerine pudra şekeri serpiyoruz.

Not: Şef yanında kayısı suyu önerir.

İki renkli Kurabiye

• 1 Çay bardağı çiçek yağı • 1 Çay bardağı eritilmiş margarin (ılık)
• 1 Çay bardağı yoğurt • 1 Çay bardağı toz şeker
• 1 Adet yumurta • 1 Adet limon kabuğu rendesi ve yarım limon suyu
• 1 Paket kabartma tozu • Alabildiği kadar un • 1 çorba kaşığı kakao

YAPILIŞI

Karıştırma kabına çiçek yağını, margarini, yoğurdu, toz şekeri, yumurtayı kırıp karıştırıyoruz. Peşinden rendelenmiş limon kabuğu ilave edip karıştırmaya devam ediyoruz. Kabartma tozunu un ile karıştırıp yavaş yavaş kabın içine döküyoruz. Arkasından limon suyunu da dahil ediyoruz. Aldığı kadar unla birlikte yumuşak kıvamda bir hamur elde ediyoruz. Kurabiyemizi fırın tepsisine dizince üzerine biraz toz şeker serpiyoruz. İstediğimiz şekli verip 180 derecede pişiriyoruz.

Not: Hamurumuzun bir parçasını alıp, kakaoyla karıştırıyoruz. Sonra her iki renkteki hamuru avucumuza alıp yuvarlayarak, kurabiyemizi elde ediyoruz.

Acı Badem Kurabiyesi

- 4 Adet yumurta beyazı
- 1,5 Su bardağı toz fındık
- 1 Su bardağı toz şeker
- 1 Tatlı kaşığı limon suyu

YAPILIŞI

Toz fındığı, toz şekeri ve yumurta beyazını rahat karıştırabileceğimiz bir tencereye alıyoruz. Kısık ateşte sürekli karıştırarak toz şekerin erimesini sağlıyoruz. Ocaktan almadan önce limon suyunu koyup, biraz daha karıştırıyoruz. Harcımızı tezgahın üzerine döküyoruz. 10 dakika kadar soğumaya bırakıyoruz. Soğuduktan sonra orta yumuşaklıkta olacak şekilde karıştırıyoruz ve düz şanti torbasına dolduruyoruz. Fırın tepsisine yağlı kağıdı yayıp, üzerine acı badem kurabiyesi hamurunu sıkıyoruz. Önceden ısıtılmış 150 derecelik fırında yaklaşık 20-25 dakika kadar pişiriyoruz. Kurabiyeleri yağlı kağıttan ayırmak için, ters çevirip fırçayla su sürüyoruz. Böylece kolayca ayrılmasını sağlıyoruz.

Mekik Kurabiye

• 6 Adet yumurta beyazı • 1 Su bardağı toz şeker
• 1 Su bardağı un • 1 Su bardağı tane fındık veya badem
• 110 gr Erimiş margarin • 1 Paket kabartma tozu
• 1 Kase vişne veya kiraz

YAPILIŞI

Yumurta beyazlarını bir tencereye alıyoruz. Üzerine toz şekeri ilave ediyoruz. Ocağın küçük yerinde kısık ateşte çırpma teliyle karıştırarak şekerin erimesini sağlıyoruz. Daha sonra unu, kabartma tozunu, robotta toz haline getirilmiş fındığı, erimiş margarini koyup hepsini karıştırıyoruz. Kalıba koyduktan sonra meyvesini ilave edip 160 derecede pişiriyoruz.

Kakaolu-Fındıklı Kurabiye

• 250 gr Margarin • 1 Çay bardağı süt • 1 Adet yumurta • 1 Paket kabartma tozu • 1 Su bardağı pudra şekeri • 1 Su bardağı kırılmış fındık veya ceviz • Alabildiği kadar un • 2 çorba kaşığı kakao

YAPILIŞI

Karıştırma kabına önce margarini alıyoruz. Parmaklarımızla biraz karıştırıyoruz. Daha sonra üzerine 2 su bardağı un, kabartma tozu, pudra şekeri, süt, yumurta ve kakao koyup karıştırıyoruz. Şu ana kadar koyduğumuz un yeterli gelmez ise hamurun ihtiyacı kadar unu yavaş yavaş ilave ediyoruz. Hamurun kıvamı kulak memesi yumuşaklığında olacak. Ceviz ya da fındığı ilave edip biraz daha yoğuruyoruz. Streç filmi veya naylon torbayı kesip tezgaha yayıyoruz. Hamuru yumruk büyüklüğünde kesip önce tezgahta yuvarlıyoruz. Kestiğimiz hamuru strecin içine alıp sarıyoruz. Derin dondurucuda 1 saat bekletiyoruz. Streci çıkarıp istenilen kalınlıkta kesip 170 derecelik fırında pişiriyoruz. Soğuduktan sonra, eritilmiş çikolatayla süslüyoruz.

Bademli Kurabiye

Hamur malzemeleri

• 4 Su bardağı un • 4 Çorba kaşığı toz fındık • 2 Adet yumurta • 1 Su bardağı pudra şekeri • 1 Paket margarin

Üzerinin badem harcı

• 2 Su bardağı toz fındık • 1 Su bardağı pudra şekeri • 1 veya 2 yumurta beyazı

YAPILIŞI

Unu karıştırma kabına alıp, ortasını havuz halinde açıyoruz. Ortasına margarini, yumurtayı, pudra şekerini, toz fındığı koyup hamuru yoğuruyoruz. Merdaneyle bir santime yakın kalınlıkta açıyoruz ve yuvarlak olarak kesiyoruz. Tepsiye diziyoruz.

Hazırladığımız badem hamurunu düz düğümlü torbayla kestiğimiz hamurun üzerine sıkıyoruz. 180 derecede pişiriyoruz. Soğuduktan sonra isteğe bağlı olarak benmari usulüyle erittiğimiz çikolataya üst kısımlarını batırıyoruz. Üzerine toz yeşil fıstık serpiyoruz. Böylece kurabiyemiz hem göze hem de damağa hitap etmiş oluyor.

Mantar Kurabiye

• 2,5 Su bardağı toz fındık • 1 Su bardağı pudra şekeri
• 1 Çorba kaşığı çiçek yağı • 2 Adet yumurta beyazı
• 1 Tatlı kaşığı kakao

YAPILIŞI

Toz fındığı karıştırma kabına alıyoruz. Ortasını açıyoruz. Yumurta beyazını ve çiçek yağını ortaya döküyoruz. Pudra şekerini, kakaoyu fındığın üzerine serpiyoruz. Önce ortadakileri karıştırıyoruz. Daha sonra kenardakileri de ortaya alıp hepsini karıştırarak yoğuruyoruz. Hamurun kıvamı biraz sert olacak. Yumuşak olursa biraz daha toz fındık ilave edebiliriz. İstenilen kıvama getirilen hamurdan hemen hemen ceviz büyüklüğünde koparıp yuvarlıyoruz. Bir tabağın içine pudra şekeri döküyoruz. Yuvarladığımız kurabiyeleri pudra şekerine buluyoruz, oradan fırın tepsisine diziyoruz. Her kurabiyenin üzerine formayla basıp mantar şeklini veriyoruz. (Evinizde buna uygun bir kalıpla da bastırabilirsiniz.) 170 derecelik ısıtılmış fırında pişiriyoruz.

Marmelatlı Kurabiye

- 500 gr Un
- 250 gr Margarin
- 1 Su bardağı toz fındık
- 1 Su bardağından bir parmak eksik pudra şekeri
- 1 Tatlı kaşığı kabartma tozu
- 2 Adet küçük yumurta
- 1 Çay bardağı marmelat

YAPILIŞI

Unu karıştırma kabına alıyoruz. Ortasını havuz şeklinde açıyoruz. Ortasına oda sıcaklığındaki margarini ve yumurtayı kırıyoruz. Onun üzerine toz fındığı, pudra şekerini ve kabartma tozunu serpiyoruz. Önce havuzun içindeki margarin ve yumurtayı karıştırıyoruz. Daha sonra yavaş yavaş kenarlardaki unlu harçtan havuzun içine çekerek yoğuruyoruz. Hamurumuz hazırlandıktan sonra tezgahımıza un serpiyoruz. Merdaneyle hamuru kurşun kalem kalınlığında açıyoruz. Bir çay bardağı ağzıyla veya yuvarlak çemberle kesiyoruz. Yağlanmış fırın tepsisine diziyoruz. Geri kalan hamurdan tepsiye dizdiğimiz kadar daha kesiyoruz. Son kestiklerimizi i fırın tepsisine dizdiğimiz hamurların üzerine koyacağız. Fakat koymadan önce bir yumurtayı çırpıp fırçayla üzerine sürüyoruz. Tepsideki hamurların üzerine yuvarlak halka hamurları yerleştiriyoruz. 170 derecelik fırında pişiriyoruz. Soğuyunca içlerine istenilen marmelat çeşitlerinden dolduruyoruz.

Kesme Kurabiye

• 250 gr Margarin • 1 Çay bardağı süt • 1 Adet yumurta
• 1 Paket kabartma tozu • 1 Su bardağı pudra şekeri
• 1 Su bardağı kırılmış fındık veya ceviz • Alabildiği kadar un

YAPILIŞI

Karıştırma kabına önce margarini alıyoruz. Parmaklarımızla biraz karıştırıyoruz. Daha sonra üzerine 2 su bardağı un, kabartma tozu, pudra şekeri, süt, yumurta koyup karıştırıyoruz. Şu an kadar koyduğumuz un yeterli gelmez ise hamurun ihtiyacı kadar unu yavaş yavaş ilave ediyoruz. Hamurun kıvamı kulak memesi yumuşaklığında olacak. Ceviz ya da fındığı ilave edip biraz daha yoğuruyoruz. Streç filmi veya naylon torbayı kesip tezgaha yayıyoruz. Hamuru yumruk büyüklüğünde kesip önce tezgahta yuvarlıyoruz. Kestiğimiz hamuru strecin içine alıp sarıyoruz. Üzerine bastırarak kare şeklini almasını sağlıyoruz. Derin dondurucuda 1 saat bekletiyoruz. Streci çıkarıp istenilen kalınlıkta kesip 170 derecelik fırında pişiriyoruz.

Not: İstenirse aynı tariften kakaolusu da hazırlanabilir. Bu kurabiye uzun süre derin dondurucuda kalabilir.

Mozaik Kurabiye

• 250 gr Margarin • 1 Adet yumurta • 1 Çay bardağı süt
• 1 Çorba kaşığı salça • 1 Paket kabartma tozu
• 2 Çorba kaşığı zeytin ezmesi • Tuz • Alabildiği kadar un

YAPILIŞI

Karıştırma kabına önce margarini koyup elimizle karıştırıyoruz. Üzerine yumurta kırıyoruz. Sütü, salçayı, bir miktar unu, kabartma tozunu ilave edip karıştırıyoruz. Yeteri kadar un ilave ederek kulak memesi yumuşaklığından biraz sert bir hamur elde ediyoruz. Hamuru merdaneyle tezgah üzerinde biraz açıyoruz. Üzerine zeytin ezmesi sürüyoruz. Hamuru uçlarından toplayıp tekrar yoğuruyoruz. Burada dikkat edilmesi gereken şey; hamurun renkleri birbiriyle karışacak ama renkler birbirinden üstün olmayacak, mozaik görüntüsü dalgalı bir görünüm olacak. Hamuru ikiye bölüyoruz. İstenilen kalınlıkta rulo yapıyoruz. Derin dondurucuda 1 saat bekletiyoruz. Dolaptan çıkınca ister yuvarlak ister verev verev kesip fırın tepsisine diziyoruz. 170 derecelik önceden ısıtılmış fırında pişiriyoruz.

Tatlı

Çeşitleri

Fırın Sütlaç

• 1 Litre süt • 1 Su bardağı toz şeker • 4 Çorba kaşığı mısır nişastası • 1 Parça damla sakızı • 2 Çorba kaşığı pirinç

YAPILIŞI

Tencereye sütü döküyoruz. Kaynamak üzereyken şekeri ve damla sakızını ilave ediyoruz. Ayrı bir tencerede haşlamış olduğumuz pirinçleri dahil ediyoruz. Birlikte tüm malzemeyi kaynatıyoruz. Bir kase içerisinde bir miktar suyla nişastayı açıyoruz. Kaynamakta olan harca yavaş yavaş döküyoruz. Kıvamı çok katı olmayacak. Hazırlanan sütlacı kaselere dolduruyoruz. Fırın kabına kaselerin yarısını geçecek şekilde su dolduruyoruz. 200 derece ısıtılmış fırında üzeri kızarana kadar pişiriyoruz.

Armutlu Muhallebi

• 6 Adet armut • 1 Kilo süt • 2 Çorba kaşığı pirinç unu • 2 Çorba kaşığı nişasta • 1 Çorba kaşığı un • 1 Su bardağı toz şeker • 1 Paket vanilya

YAPILIŞI

Armutları soyup ortadan ikiye bölüyoruz. Bölünen kısımları alta gelecek şekilde yan yana diziyoruz. Armutların sadece dört tanesini bu şekilde diziyoruz, diğer ikisini ayırıyoruz. Üzerine dört çorba kaşığı toz şeker serpip varsa her armuda bir karanfil batırıyoruz. Üzerine limon suyu damlatıyoruz. 180 derecede armutları pişiriyoruz. Diğer tarafta tencereye sütü, pirinç ununu, nişastayı, unu, vanilyayı koyup kaynatıyoruz. Kaynayınca toz şekeri ayırdığımız diğer armutları rendeleyip ilave ediyoruz. Kaynatıp pişiriyoruz. Geniş köşeli tabaklara döküyoruz. İlk sıcaklığı çıkınca fırında pişirdiğimiz armutları üzerine koyuyoruz. Karamelize olan şekeri armutların üzerine döküyoruz. Son olarak süslemede parçalanmış badem ve parçalanmış fıstık serpiyoruz.

Karışık Dondurma

• 1 Kilo süt • 250 gr Toz şeker • 10 gr Salep • 1 Poşet toz şanti

YAPILIŞI

Tencereye sütü koyup kaynatıyoruz. Üzerine hemen toz şeker ile salebi karıştırıp kaynayan süte döküyoruz. Kaynamaya başlayınca 15 veya 20 dakikada bir karıştırarak kaynatıyoruz. Ocağın altını kapatıyoruz. Ara sıra karıştırarak soğutuyoruz ve toz şantiyi ilave ediyoruz. Dondurma harcının altına bolca buz koyup yavaş yavaş karıştırıyoruz. Meyva koymak istiyorsak bu aşamada koyuyoruz. Karıştırma işlemi devam ediyor ta ki koyulaşıncaya kadar. Daha sonra istediğimiz kalıplara koyup bir gece derin dondurucuda bekletiyoruz ve dondurmamızı servise hazırlıyoruz.

Ev Usulü Maraş Dondurma

• 1 kg Süt • 250 gr Toz şeker • Tepeleme dolu bir tatlı kaşığı Salep • 1 Paket vanilya

YAPILIŞI

Şekerle salebi karıştırıyoruz. Süt ılık olunca yavaş yavaş yediriyoruz. Muhallebi kıvamına gelinceye kadar yaklaşık 50 dakika kaynatıyoruz. Soğuyunca derin dondurucuya kaldırıyoruz. Derin dondurucuda ara ara 3 saat karıştırarak soğutuyoruz. Sonra istenilen kalıplara koyup, dondurucuda, donduruyoruz.

Un Helvası

• 100 gr Tereyağı • Yarım çay bardağı fındık yağı • 150 gr Un • 2 Su bardağı soğuk su • 1 Su bardağı pekmez • 1 Su bardağı toz şeker • 1 Çorba kasesi ceviz

YAPILIŞI

Tencereye tereyağını, sıvı yağını koyuyoruz. Unu ilave ediyoruz kısık ateşte unu iyice kavuruyoruz. Bir kabın içerisinde suyu pekmezi soğuk olarak karıştırıyoruz ve kavrulmuş unun üzerine döküyoruz. Suyunu çekene kadar ocak üzerinde tutuyoruz. Altını kapatıyoruz. Toz şekeri bu aşamada ilave ediyoruz. Sıcaklığıyla eriyen helvanın içine ilk sıcaklığı çıkınca kaşıkla helvadan alıp çekilmiş cevize batırıyoruz. İstenirse yeşil fıstık veya hindistan cevizi olabilir.

Portakallı İrmik Helvası

• 1 Litre süt • 10 Çorba kaşığı irmik • 9 Çorba kaşığı toz şeker
• 1 Paket vanilya • 2 Adet portakal • 1 Parça margarin

Portakal sosu için:

• 3 Bardak portakal suyu • 3 Çorba kaşığı mısır nişastası

YAPILIŞI

Tencereye süt, irmik, şeker ve vanilya soğuk olarak koyuyoruz. Karıştırarak pişiriyoruz. İnce yerinden rendelenmiş portakal ilave ediyoruz. Harcımızı bor cama döküyoruz. Üzerine rendelenmiş portakal kabuklarını yuvarlak keserek irmikli harcın üzerine diziyoruz. Üzerine portakal sosu döküyoruz. portakal sosu: Portakal suyunu, mısır nişastasını soğuk olarak karıştırıyoruz. Tencereyi ocağa koyuyoruz. Kıvamı gelince irmik üzerinde kullanıyoruz.

Not: İsteğe bağlı olarak portakal yerine, mevsim meyvalarıyla hazırlayabilirsiniz.

Armut Tatlısı

• 1 Litre süt • 5 Adet armut • 1 Su bardağı toz şeker
• 1 Adet yumurta • 2 Çorba kaşığı mısır nişastası
• 2 Çorba kaşığı un • 100 gr Margarin • 1 Paket vanilya

YAPILIŞI

Armutları ortadan ikiye bölüp çekirdek yatağını çıkartıyoruz. Bir tencereye su koyup armutları haşlıyoruz. Başka bir tencereye sütü koyuyoruz. Ancak bir bardak soğuk sütten ayırıyoruz. Tenceredeki süt kaynayınca ayırdığımız soğuk sütü bir kaba alıyoruz. Nişasta, un, yumurta, vanilya hepsini çırpma teliyle karıştırıyoruz. Kaynayan süte önce şekeri peşinden bu karışımı döküyoruz. Kıvam kaynayınca armudu rendeliyoruz Biraz daha kaynatıyoruz. Margarini ilave ediyoruz. Yağ eriyince geniş tabaklara döküp sıcakken üzerine haşlanmış armutları estetik biçimde koyup üzerine kuş üzümü, dolmalık fıstık, yeşil fıstık serpiyoruz. Soğuyunca servise hazır hale getiriyoruz.

Şekerpare

• 500 gr Un • 200 gr Margarin • 200 gr Pudra şekeri • 4 Adet Yumurta • 1 Paket kabartma tozu • 1 Su bardağı toz badem veya fındık

Şerbeti için: • 1 Kilo su (1 Su bardağı su olabilir) • 1 Kilo toz şeker • Yarım limon

YAPILIŞI

Margarini mikserle bir miktar köpürene kadar çırpıyoruz. Mikserimizi en düşük devreye indirip pudra şekeri ilave ediyoruz. Unu tezgahın üzerine döküyoruz. Ortasını havuz halinde açıyoruz. Unun üzerine toz bademi, kabartma tozunu serpiştiriyoruz. Havuzun ortasına köpürttüğümüz harcı alıyoruz. Üzerine yumurtayı kırıyoruz. Yağla yumurtayı birbirine yediriyoruz. Kenardaki undan biraz alıp karıştırıyoruz. Hamuru biraz yoğuruyoruz, uzun bir rulo yapıp ceviz büyüklüğünde kesiyoruz. İster parmak ister yuvarlak şekil verdikten sonra üzerine yumurta sarısı sürüp fındık, ceviz ne varsa üzerine koyup 170 derece fırında pişiriyoruz. Şerbetini sıcak olarak veriyoruz.

Yoğurt Tatlısı

• 1 Kase un • 1 Kase toz şeker • 1 Kase irmik
• 1 Kase yoğurt • 3 Adet yumurta • 1 Paket kabartma tozu

Şerbeti için:

• 750 gr Şeker • 750 gr Su • Yarım limon

YAPILIŞI

Tüm malzemeleri karıştırma kabına koyup karıştırıyoruz. Fırın tepsisini yağlayıp unladıktan sonra yoğurt tatlısının malzemelerini döküp 170 derece fırına veriyoruz. Tatlımız kabarınca 140 dereceye indiriyoruz. 45 dakika pişiriyoruz.
Fırından çıkınca ılık şerbetini ilave ediyoruz. Hindistan ceviziyle süsleyip servise hazır hale getiriyoruz.

Etimekli Tatlı

• 1 Paket etimek • 2 Adet yumurta • 10 Çorba kaşığı toz şeker
• 2 Çorba kaşığı un • 1 Litre süt • Hindistan cevizi

YAPILIŞI

Bor cama etimekleri diziyoruz. İki kaşık toz şekeri bir cezve suda eritiyoruz. İçine limon damlatıyoruz. Şerbeti etimeklerin üzerine döküyoruz. Ayrı bir tencereye önce yumurta, şeker, un, süt sırasıyla soğuk olarak koyuyoruz. Kaynatıp etimeklerin üzerine döküyoruz. Üzerine hindistan cevizi, yeşil fıstık ya da nar taneleri serpip soğuk servis yapıyoruz.

Saray Usulü Kabak Tatlısı

• 1 Kilo taze yemeklik kabak • 2 Su bardağı toz şeker
• 2 Parça damla sakızı • 1 Tatlı kaşığı tereyağı

YAPILIŞI

Kabakların kabuğu soyulur, ortadan ikiye ayrılır. İçi kaşıkla boşaltılır ve rendelenir, tencereye alınıp ocakta sotelenir. Pişince toz şeker ilave edilir. Dövülmüş damla sakız konulur ve tereyağı ilave edilir. Suyunu çekene kadar kaynatılır, istenilen kalıplara koyup kaymakla birlikte servis edilir.

Not: Bu tatlıyı yaparken vanilya, tarçın, karanfil de denenebilir.

Havuçlu Revani

- 3 Yumurta • 3 Kahve fincanı toz şeker • 3 Kahve fincanı yoğurt
- 3 Kahve fincanı irmik • 1 Kahve fincanı çiçek yağı • 1 Adet havuç
- 3 Kahve fincanı un • 1 Paket kabartma tozu • 1 Paket vanilya

Şerbet Ölçüleri

- 3 Su bardağı toz şeker • 3 Su bardağı su • Yarım limon

YAPILIŞI

Karıştırma kabına yumurtayı ve toz şekeri koyup mikserle köpürtüyoruz. Daha sonra çiçek yağını ve yoğurdu koyup, rendenin orta kısmıyla havucu rendeleyip, karıştırıyoruz. Üzerine irmiği, unu, kabartma tozunu, vanilyayı ilave edip tahta kaşıkla karıştırıyoruz. Revanin hamurunu hazır yağlanmış unlanmış fırın kabına alıyoruz. 180 derecede ısıtılmış fırında pişiriyoruz. Tatlımızı ılıyınca soğuk şerbeti döküyoruz.

Şerbet: Şeker, su ve limon karıştırılıp, kaynamaya başlayınca 7-8 dakika kaynatıp, soğutuyoruz.

Cevizli Konak Tatlısı

• Yarım paket margarin • 1 çorba kaşığı yoğurt • 1 çorba kaşığı sirke • Yarım paket kabartma tozu • 1 çimdik tuz • Alabildiği kadar un

YAPILIŞI

Oda sıcaklığında beklemiş olan margarini karıştırma kabının içerisine alıp, üzerine 1 adet yumurtayı ve yoğurdu ilave edip karıştırıyoruz. Unu, sirkeyi, kabartma tozunu koyup, alabildiği kadar unla birlikte hamuru kulak memesi kıvamında yoğuruyoruz. Ceviz büyüklüğünde hamur parçaları koparıp yuvarlıyoruz. Yağlanmış fırın tepsisine dizip, üzerlerine elimizle basıp düzleştiriyoruz. Üzerine ceviz yerleştiriyoruz. 170 derecelik fırında pişiriyoruz.

Şerbet için: 2 su bardağı şeker, 2 su bardağı su ile şerbeti hazırlıyoruz.

Kaynayan şerbeti fırından çıkan tatlımızın üzerine döküyoruz.

Vişneli İrmik Helvası

• 2 Su bardağı irmik
• Yarım çay bardağı fındık yağı • 2 Çorba kaşığı çam fıstığı
• 1 Su bardağı süt • 1 Su bardağı toz şeker • 1 Su bardağı su
• 1 Su bardağı vişne • 1 Su bardağı toz şeker
• Üzerine tarçın ve gül suyu

YAPILIŞI

Tencereye sıvı yağı koyuyoruz. Isınınca irmiği çam fıstığını birlikte döküyoruz. Kısık ateşte kavuruyoruz. Fıstıklar kavrulunca irmikte istenilen kıvamda kavrulmuş olur. Soğuk olarak su, süt, şeker karıştırılıp irmiğin üzerine döküyoruz. Ocağın altı hızlandırılır. İrmik şerbetini çekmeye başlayınca ocak kapatılır. Şerbet çekme aşamasında ara sıra karıştırılır. Kapatmadan önce tencerenin kapağını kapatıyoruz. Dört dakika dinlendirip tekrar karıştırıyoruz. Servis kaselerine paylaştırıyoruz. Üzerine vişneyle karıştırılmış olan toz şekeri ilave ediyoruz, ancak toz şeker vişnenin içinde erimiş olmalı. Son olarak toz tarçın ve gül suyu damlatıyoruz helvanın üzerine.

Not: Şef ılık yenmesini tavsiye ediyor.

Akdeniz Gülü

• 500 gr Un • 25 gr Margarin • 12 gr Maya • 25 gr İrmik
• 1 Adet yumurta • 35 gr toz şeker • 1 çay kaşığı tuz • Aldığı kadar su

YAPILIŞI

Hamurun ortasını açıyoruz. Az miktarda su ile mayayı eritiyoruz. Üzerine yumurtayı, oda sıcaklığında beklemiş margarini koyuyoruz. Unun üzerine toz şekeri, tuzu, irmiği serpiyoruz. Önce havuzun içindeki sıvı malzemeleri karıştırdıktan sonra, havuzun kenarındaki unu içeri doğru çekiyoruz. Hamurumuzun kıvamını su ile yumuşatıyoruz. Hamurumuz kulak memesinden biraz daha yumuşak olacak. istediğimiz şekli veriyoruz. Yağlanmış fırın tepsisine alıp, 180 derecede pişiriyoruz.

Şerbet: 2 su bardağı şeker, 2 su bardağı su ve 1/4 limon ile hazırlıyoruz. Şerbetimizi, fırından çıkan tatlımızın üzerine döküyoruz.

Aşure

İç harcı için:

• 1 Kase buğday • 1 Kase kuru fasulye • 1 Kase nohut
• 1 Adet portakal • 1 Adet elma • Yarım çay bardağı gül suyu
• 1,5 Kase toz şeker • 1 Tatlı kaşığı vanilya • 1 Fincan kuru üzüm
• 1 Fincan kuru kayısı • 500 gr süt • 1 Çorba kaşığı nişasta
3 Çorba kaşığı pirinç

Üzeri için:

• Kuru incir • Kuru kayısı • Dolmalık fıstık • Nar • Tarçın • Kuş üzümü

YAPILIŞI

Akşamdan ıslatılmış buğdayları haşlıyoruz. İlk kaynama suyunu döküyoruz, kuru fasulyeyi, nohutu da haşlıyoruz. Yarıdan biraz fazla haşlanan buğdayın içine kuru fasulyeyi, nohutu koyup birlikte biraz kaynatıyoruz. Ayrı bir yerde haşlanmış pirinci de dahil ediyoruz. Tencerede biraz daha kaynıyorlar. Kuru üzümü, portakal kabuğunu, sütü, şekeri ilave edip kaynatmaya devam ediyoruz. Suyunun miktarını ayarlıyoruz. Gül suyu, vanilya, küp doğranmış kuru kayısı ve elma ilave ediyoruz. Elmalar yumuşayınca nişastayı biraz suyla açıp kaynamakta olan aşureye yediriyoruz. Biraz daha kaynatıp servis kaselerine paylaştırıyoruz. Üzeri için olan malzemelerle süslüyoruz.

Fındıklı Rulo Tatlı

Hamuru için

• 2 çorba kaşığı yoğurt • 60 gr oda sıcaklığında margarin • 4 Çorba kaşığı çiçek yağı • 1 Adet yumurta • 50 gr İrmik • 1 Tatlı kaşığı kabartma tozu • 1 Adet limon kabuğu rendesi • 2.5 su bardağı un • 100 gr Yaş maya

İç malzemesi için

• 4 Çorba kaşığı kuru üzüm • 1 çay bardağı toz fındık • 2 Çorba kaşığı pudra şekeri • 1 Adet yumurta beyazı

Kaymağı için

• 1 Çay bardağı süt • 1 Çorba kaşığı tepeleme irmik

YAPILIŞI

Karıştırma kabına unu koyup, ortasını havuz şeklinde açıyoruz. İçine margarini, çiçek yağını, yumurtayı, limon kabuğunu, yaş mayayı, az miktarda suyu koyuyoruz. Unun üzerine ise kabartma tozu ve irmiği koyuyoruz. Havuzu yavaş yavaş kapatalarak, önce içindekileri karıştırıyoruz. Hamura, su ilave ederek, kulak memesi kıvamında olmasını sağlıyoruz. Tezgahımızı unlayarak merdane yardımıyla hamurumuzu kurşun kalem kalınlığında açıyoruz.

İç harcı için: Toz fındığı, pudra şekerini, yumurta beyazını karıştırıp açılmış olan hamura bıçakla sürüyoruz.

Daha sonra hamurumuzu derin dondurucuya kaldırıyoruz. 1 saat bekledikten sonra 1 parmak kalınlığında kesip, fırın tepsisine aralıklar halinde diziyoruz.

Krema için: Küçük bir tencereye sütü, irmiği koyup, kaynatıyoruz. Sertleşince biraz karıştırıp, soğutuyoruz. Şanti torbasıyla, hamurumuzun üzerine sıkıyoruz ve onunda üzerine 1'er tane fındık koyup 180 derece ısıtılmış fırında pişiriyoruz.

Şerbeti için: 2.5 su bardağı toz şekeri, 2.5 su bardağı su ve dörtte bir limonu kısık ateşte yaklaşık 10 dakika kaynatıp şerbetimizi hazırlıyoruz. Fırındaki tatlımız hafif kızarınca çıkarıp, sıcak şerbeti üzerine döküyoruz. Soğuduktan sonra tatlımız servise hazır hale geliyor.

Not: Bu tatlıda maya ve kabartma tozu hamura birlikte konulur.

Limonlu Susam Tatlısı

- 500 gr Un
- 25 gr Margarin
- 12 gr Maya
- 25 gr İrmik
- 25 gr Susam
- 1 Adet yumurta
- 35 gr toz şeker
- 1 çay kaşığı tuz
- Aldığı kadar su
- 2 adet rendelenmiş Limon kabuğu

YAPILIŞI

Hamurun ortasını açıyoruz. Az miktarda su ile mayayı eritiyoruz. Üzerine yumurtayı, oda sıcaklığında beklemiş margarini koyuyoruz. Unun üzerine toz şekeri, tuzu, irmiği ve rendelenmiş limon kabuğunu serpiyoruz. Önce havuzun içindeki sıvı malzemeleri karıştırdıktan sonra, havuzun kenarındaki unu içeri doğru çekiyoruz. Hamurumuzun kıvamını su ile yumuşatıyoruz. Hamurumuz kulak memesinden biraz daha yumuşak olacak.

Ceviz büyüklüğünde parçalar kopartıp simit şeklini verip üzerine yumurta sürüp, susama batırıyoruz. Yağlanmış fırın tepsisine alıp, 180 derecede pişiriyoruz.

Şerbet: 2 su bardağı şeker, 2 su bardağı su ve 1/4 limon ile hazırlıyoruz. Şerbetimizi fırından çıkan tatlımızın üzerine döküyoruz.

Zerde

• 1 Lt su • 250 gr Toz şeker • 2 çorba kaşığı dolmalık fıstık • 3 çorba kaşığı kuş üzümü • 1 tatlı kaşığı toz safran • Yarım çay bardağı gül suyu • 4 çorba kaşığı mısır nişastası

YAPILIŞI

Tencerenin içerisine şekeri ve suyu koyuyoruz. Kuş üzümlerini ve safranı ilave ediyoruz. Kaynamaya başlayınca nişastayı soğuk suyla açıp yavaş yavaş zerdemizin içerisine döküyoruz. Koyu olmamasına özen gösteriyoruz. En sona dolmalık fıstığı ve gül suyunu koyuyoruz. İstediğimiz kaselerle ya da bardakla servis yapıyoruz.

Not: Zerdeyi isterseniz kuş üzümü ve çam fıstığı kullanmadan, haşlanmış pirinçle de hazırlayabilirsiniz.

Vezir Parmağı

• 750 gr Su • 500 gr Un • 100 gr Margarin • 1 Tatlı kaşığı tuz • 1 Tatlı kaşığı toz şeker • 7 Adet yumurta • 1 Tatlı kaşığı nişasta

Şerbeti için:

• 1250 gr Toz şeker • 1 Kilo su • Yarım limon

YAPILIŞI

Tencereye koyduğumuz su kaynamaya başlayınca tuz, şeker, margarin konulur ve un ilave edilir. Tahta kaşıkla karıştırarak hamur pişirilir ve ocaktan alınır. El yakmayacak kadar soğuyunca, yumurtalar birer birer kırılır. Nişasta konulur, mikserin hamur karıştırma teliyle iyice karıştırılır. Avuç içi yağlanır parmak şekli verilir ve soğuk yağa bırakılır. Tencerenin alabildiği kadar hamur konur ve ocak yakılır. Nar gibi kızarınca soğuk şerbete alınır. 2-3 dakika şerbette kaldıktan sonra servis yapılır.

Yoğurt Tatlısı

• 1 Kase un • 1 Kase toz şeker • 1 Kase irmik
• 1 Kase yoğurt • 3 Adet yumurta • 1 Paket kabartma tozu

Şerbeti için:

• 750 gr Şeker • 750 gr Su • Yarım limon

YAPILIŞI

Tüm malzemeleri karıştırma kabına koyup karıştırıyoruz. Fırın tepsisini yağlayıp unladıktan sonra yoğurt tatlısının malzemelerini döküp 170 derece fırına veriyoruz. Kabarmaya başlayınca fırının ayarını 120 dereceye indiriyoruz. 45 dakika pişiriyoruz. Fırından çıkanca şerbetini ilave ediyoruz. Hindistan ceviziyle süsleyip servise hazır hale getiriyoruz.

Kabak Tatlısı

• 1 Kilo taze kabak • 2 Su bardağı toz şeker • 3 Parça damla sakızı
• 1 Tatlı kaşığı tereyağı

YAPILIŞI

Kabakların kabuğu soyulur, ortadan ikiye ayrılır. İçi kaşıkla boşaltılır ve rendelenir, tencereye alınıp ocağa konulur ve pişene kadar ocakta kaynatılır. Pişince toz şeker ilave edilir. Dövülmüş damla sakız konulur ve tereyağı ilave edilir. Suyunu çekene kadar kaynatılır, istenilen kalıplara koyup kaymakla birlikte servis edilir.

Not: Bu tatlıyı yaparken içine vanilya, tarçın, karanfil de denenebilir.

Çilekli ya da Limonlu Puding

• 1 kilo süt • 1 su bardağı toz şeker • 4 çorba kaşığı un
• 250 gr çilek

YAPILIŞI

Sütün içerisine sütü, unu ve şekeri koyup çırpma teliyle karıştırarak, kaynatıyoruz. Eğer kıvamı yumuşak olursa nişastayı suyla açıp üzerine dökerek istenilen kıvamı yakalayabiliriz. Diğer tarafta çileği püre haline getirerek, sütlü harcın içerisine döküyoruz. Ocağın altını kapatıp, istediğimiz kaselere ya da bardaklara pudingimizi koyuyoruz. Soğuduktan sonra servis yapıyoruz.

Not: Limonlu yapmak istersek, çilek püresini koyduğumuz aşamada 2 adet limon kabuğu rendesini ve suyunu koyuyoruz.

Süslemeler

Mönüler

Özel Ramazan Mönüleri

Mönü-1

1. Yayla çorbası
2. Dana ruledi
3. Zeytinyağlı ıspanak kökü
4. Kekikli domatesli spagetti
5. Mevsim salatası

Mönü-2

1. Domatesli mozorella
2. Tavuk çorbası
3. Sebzeli penne
4. Arnavut ciğeri
5. Mevsim salatası

Mönü-3

1. Tane sebze çorbası
2. Zeytinyağlı karnabahar
3. Sebzeli tavuk
4. Safranlı pilav
5. Bisküvi pastası

Mönü-4

1. Karışık omlet
2. Balık buğulama
3. Zeytinyağlı kereviz
4. Krem şokola
5. Tavuklu ıspanak salatası

Mönü-5

1. Brokoli çorbası
2. Fettiçuni
3. Karışık zeytinyağlı
4. Hamburger
5. Şokolalı muzlu krep

Mönü-6

1. Soya soslu tavuk
2. Zeytinyağlı yer elması
3. Alabalık fırında
4. Şantili kestane kup
5. Şef salatası

Mönü-7

1. Mantar çorbası
2. Paçanga böreği
3. Çeltik kebap
4. Pasta
5. Ton balığı salatası

Mönü-8

1. Bakla çorbası
2. Doldurulmuş tavuk göğsü
3. Mısırlı pilav
4. Fırın sütlaç
5. Sezar salatası

Mönü-9

1. Mantarlı domatesli penne
2. Ispanaklı pastırmalı börek
3. Lahana sarma
4. Milföyde mevsimine göre pasta
5. Layf salata

Mönü-10

1. Fırında mantar
2. Bütün tavuk fırın
3. Sebzeli sandiviç
4. Cevizli kabak tatlısı

Mönü-11

1. Tavuk çorbası
2. Sebzeli kanalanin
3. Ali nazik
4. Şeker pare
5. Sitek salatası

Mönü-12

1. Terbiyeli şehriye çorbası
2. Kıymalı patates yuvası
3. Mısırlı pancar salatası
4. Etli bulgur pilavı
5. Muzlu krep süzet

Mönü-13

1. Taneli patates çorbası
2. Etli taze fasulye (güveç)
3. Lazanya
4. Keşkül
5. Acılı ezme salata

Mönü-14

1. Yoğurt soslu kabak, patates, yumurta
2. Tavuk incik milföye sarılmış
3. Yoğurt tatlısı
4. Mantar salatası

Mönü-15

1. Kremalı tortenili makarna
2. Susamlı mantarlı piliç şiş
3. Süslü pilav
4. Bademli kayısı tatlısı
5. Bahçe salatası

Mönü-16

1. Tavuklu ıspanaklı burgu makarna
2. Fırında sebzeler
3. Çilekli tart

Mönü-17

1. Pırasalı nohut pilavı
2. Sebzeli tavuk ciğerli börek
3. Çilekli puding
4. Semiz otu salatası

Mönü-18

1. Pırasalı domatesli fırında karnabahar
2. Portakallı pelte
3. Armut tatlısı

Mönü-19

1. Mantarlı Tortelini
2. Fırında sebzeler
3. Talaş böreği
4. Hindistan cevizli elma tatlısı
5. Pancar salatası

Mönü-20

1. Zeytinyağlı enginar
2. Mengen pilavı
3. Kabak üzerinde tavuk göğsü
4. Çilekli çikolatalı yaş pasta
5. Bahçe salatası

Mönü-21

1. Ispanaklı kuzu sarma
2. Mısırlı-havuçlu pilav
3. Kabak çorbası
4. Yeşil mercimekli börek
5. İrmik helvası

Mönü-22

1. Pirinçli domates çorbası
2. Et şinitsel
3. Çiçek hamsi tava
4. Sezeli makarna
5. Şeftali tatlısı

Mönü-23

1. Patates köftesi
2. Dere otlu yeşil soğanlı ciğer sote
3. Humus
4. Sebzeli krep
5. Yaş pasta

Mönü-24

1. Soya soslu tavuk
2. Zeytin yağlı barbunya
3. Özbek pilavı
4. Mengen usulü tarhana çorbası
5. Kakaolu kek

Mönü-25

1. Patatesli gözleme
2. Karnıyarık
3. Palamut pilaki
4. Hindistan cevizli kurabiye
5. Zeytinli-pirinçli yeşil salata

Mönü-26

1. Balkabağı çorbası
2. Peynirli poğaça
3. Kuru fasulye
4. Galetalanmış tavuk incik
5. Mercimekli pilav

Mönü-27

1. Un çorbası
2. Dalyan köfte
3. Zeytinyağlı ıspanak
4. Palamut pilaki
5. Tahinli çörek

Mönü-28
1. Karnabahar kıratine
2. Nohutlu bulgur pilavı
3. Çerkez tavuğu
4. Hardallı patates salatası
5. Cevizli kabak tatlısı

Mönü-29
1. Safranlı balık çorbası
2. Yoğurtlu kebap
3. Tuzlu kurabiye
4. Kereviz salatası
5. Salep

Mönü-30
1. Zeytinyağlı karnabahar
2. Sebzeli kızarmış biftek
3. Ispanaklı börek
4. Yayla çorbası
5. Portakallı pelte

Mönü-31
1.Tavşan içi
2. Sarımsaklı bulgur köftesi
3. Elmalı kurabiye
4. Lahana böreği

Mönü-32
1. Portakal reçeli
2. Salçalı kurabiye
3. Yumurtalı ıspanaklı pide
4. Peynir topları, folyoda patates
5. Lahana Çorba

Mönü-33
1. Patates çorbası
2. Tavuklu islim kebabı
3. Mantarlı domatesli pizza
4. Fırın makarna
5. Revani

Ramazan ayına özel mönüler

Mönü-34
1. Zeytinyağlı kırmızı ve yeşil biber
2. Güveçte tavuklu bamya
3. Domates soslu kızartılmış sebzeler
4. Fırın makarna
5. Cevizli güllaç

Mönü-35
1. Sultan mahmut çorbası
2. Püreli kebap
3. Nohutlu pilav
4. Mengen usulü cevizli börek
5. Yoğurt tatlısı

Mönü-36
1. Tavuklu şehriye pilavı
2. Kuru Fasulye
3. Yeşil mer. patatesli mengen katmeri
4. Sebze çorbası
5. Ayva tatlısı

Mönü-37
1. Patlıcan kebap
2. Mantarlı domates pizza
3. Ispanak çorbası
4. Patatesli pırasalı kol böreği
5. Ekmek kadayıfı

Mönü-38
1. Sahan köfte
2. Süslü pilav
3. Ispanaklı mercimek sarması
4. Ezo gelin çorbası
5. Krem şokola

Mönü-39
1. Tavuklu terbiyeli kereviz
2. Sebzeli biftek
3. Zeytinyağlı barbunya

Pratik Genel Bilgiler

ETLER HAKKINDA GENEL BİLGİ

Et, başlıca besinlerimizden biridir. Hemen her günkü yemeklerimiz arasında et bulunur. Protein bakımından çok zengindir. Bundan başka madensel maddeler ve vitamin bakımından da zengindir. İnsanın beslenmesi için şart olan üç ana besin (protein, yağ, karbonhidrat) ette vardır. Fakat ete asıl özelliği veren proteindir. Ette, B vitaminlerinin hemen hepsi bulunur. D vitamini de oldukça zengindir. Vücuda faydalı maden tuzlarının da hepsi bulunur Bilhassa demir ve fosfor bakımından zengindir.

ET ÇEŞİTLERİ

Dana eti: İki haftalıktan on dört haftalığı kadar olan sığır yavrularına dana denir. Sığırdan daha az yağlı olur.

Sığır eti: On dört haftalıktan daha yaşlılara sığır denir. Dana etinden daha üstün tutulur. İyi sığır eti renginin parlak ve canlı olmasından tanınır. Daha az yağlı olduğu için kıyma ve sairede daha çok tercih edilir.

Kuzu eti: Bir yaşından küçük koyun yavrusuna kuzu denir. Hafif yağlıdır.

Koyun eti: Bir yaşını geçmiş kuzular koyun sayılır. Yurdumuzda koyun üç cinse ayrılır; dalgıç, karaman, kıvırcık. En makbulü kıvırcıktır.

Keçi eti: Koyuna göre daha az lezzetlidir. Bazı yörelerde bilhassa dişisi mide ve bağırsak bozukluklarına yol açar, dokunur. Fakat bazı yörelerde de çok yenir, sevilir. Genellikle oğlak eti tercih edilir.

Kümes hayvanları eti: Tavuk eti lezzetli ve hafiftir. Hindi ve kaz eti de aranan etler arasındadır. Ördek eti pek makbul sayılmaz.

Av etleri: Bunlardan bıldırcın, çulluk, keklik en aranan av etleridir. Çok lezzetli ve hafif olurlar.

YAĞLAR

Yağlar besinlerimiz arasında çok önemli bir yer tutar. Çünkü insan, yaşaması, büyümesi, gelişmesi için gereken kuvveti başlıca üç çeşit besinden elde eder. Bunlar protein (et, balık gibi azotlu maddeler), karbonhidrat (şekerli, nişastalı maddeler) ve yağlar. Yetişkin bir insanın günlük ortalama 3.000 kaloriye ihtiyacı vardır. Bu genel olarak 100 gram protein, 50 gram yağ, 500 gram karbonhidratla karşılanır. Yağlar, karbonhidratlardan 2.25 kat daha çok kalori verir, daha doyurucudur, uzun süre tok tutar. 1 gram yağ 9,3 kalori, 1 gram karbonhidrat 4,1 kalori, 1 gram protein 4,1 kalori verir. Yağlar başlıca ikiye ayrılır: Hayvansal yağlar, bitkisel yağlar.

Pratik Genel Bilgiler

HAYVANSAL YAĞLAR

Tereyağı: Tereyağı daha çok sütü dövmekle, çalkalamakla elde edilir. 1 kilo tereyağı elde etmek için aşağı yukarı 25-35 litre süt harcanır. Tereyağının bileşiminde % 84,5 yağ, % 0,8 protein, % 0,5 karbonhidrat, % 0,2 kül, % 14 su vardır. Bu bileşimdeki tereyağının 100 gramı 785 kalori verir. Tereyağında A ve D vitaminleri bol bulunduğundan vitaminsiz olan başka bitkisel yağlardan çok değerlidir.

Sade yağ: Tereyağının eritilip, karıştırılmasıyla elde edilen bir yağdır. Eti yenilen hayvanların iç yağları, kalp ve böbrek yataklarından, karın organları örtülerinden, kuyruklarından eritilerek elde edilir. İç yağlarını 100 gramı 920 kalori verir.

Bazen bitkisel yağlarla da karıştırılır. Margarin dış görünüşü ve lezzeti bakımından tereyağına çok benzer, ucuzdur. İçlerine A ve D vitaminleri de karıştırılır. Margarini bileşiminde % 12-14 kadar su vardır. 100 gramı 750 kalori verir. İç yağları ve margarinde sonradan katılmamışsa, vitaminler, yağ asitleri ya son derece azdır ya da hiç yoktur.

BİTKİSEL YAĞLAR

Bitkilerden elde edilen yağlar normal sıcaklıkta sıvı halinde bulunduğundan bunlara sıvı yağ adı verilir.

Bitkisel yağlardan elde edilen katı bitkisel yağların en büyük mahzuru; vücudun iç ısısında kolayca erimediklerinden sindirim güçlüğü, mide hastalıkları yapmalarıdır. Tabii bitkisel yağlarda kolesterol yoktur. Büyüme, gelişme çağında olan çocuklar ve gençler için daha çok hayvansal yağlar, özellikle tereyağı bakımından zengin bir beslenme yolu gözetilmelidir. Olgunluk çağında ise hayvansal yağlar elden geldiği kadar azaltılmalı, onların yerine sıvı, bitkisel yağlar yenilmelidir. Şişmanlar, şeker hastalığı, damar sertliği, enfarktüsü olan kimseler, yaşlılar hayvansal yağları bütün bütün kesmeli, yalnız ayçiçeği, mısırözü yağı ile hazırlanmış yemekler yemelidir.

Zeytinyağı: Zeytinin etli kısmından elde edilir. Zeytinyağının 100 gramında 892 kalori vardır. İçinde çok az su ve tuz vardır. Zeytinyağı bir vitamin deposu ve şifa kaynağıdır.

pamuk ve mısırözü yağları: F vitaminince zengindir. Bu sebeple biyolojik değerleri yüksektir. Vücutta kolesterol yükselmesini önler. Özellikle kızartmalarda ay çiçek yağını daima tercih etmelidir.

Biyolojik değeri yüksek, F vitamini fazla bir yağdır. Damar sertliği, kalp ve sair hastalıkları olanlar bunu yiyebilirler. Bilhassa hayvansal yağların fazla yendiği muhitlerde yarı yarıya bu yağ yenmelidir.

BESİN MADDELERİ VE KALORİ

Kalori: Kalori, besinlerden elde edilen enerjiyi gösteren birimdir. Proteinler, şekerler ve nişastaların bir gramında 4 kalori vardır. Yağların 1 gramında ise 9 kalori vardır. Ancak insanları şişmanlatan kalorinin kaynağı, şeker ve yağlardır. Proteinden alınan kaloriler şişmanlatıcı değildir. Örneğin 100 gram protein kalorisi alınmışsa, bunun % 80"i organizma tarafından kullanılır, kalan % 20"si de ısıya dönüşerek vücuttan çıkar. Sonuç olarak diyebiliriz ki, şayet zayıflamak istiyorsak, yağdan 100 kalori almak yerine, yağsız biftek, tavuk veya balıktan 200 kalori almak daha iyi olur, Ya da 100 kalori değerindeki muz yerine, 200 kalori getirecek yağsız süt veya süt ürünleri tercih edilmelidir. Özetle diyet yaparken gıdaların bu özelliklerine dikkat etmeli ve protein açısından zengin besinlere daha geniş yer verilmelidir.

Tahıllar: Pirinç, nohut, fasulye, mısır, ekmek ve diğer unlu besinlerden oluşan bu gurup, vücuda protein ve nişasta sağlayan emilimi yavaş, az yağlı ve çok yararlı gıdalardır. Ekmek ve pirinç organizmaya B vitamini, lif ve mineral tuzlar (demir, magnezyum ve fosfor) sağlar. Ancak çoğu zaman tahıllar, protein açısından tam yeterli olamazlar. Bu nedenle hayvansal proteinlerle desteklenmeleri gerekir. Yağların ölçülü

miktarda yenilmeleri gerekir fazlası şişmanlığa ve kanda kolesterol düzeyinin yükselmesine neden olur. Tereyağının % 86sının saf yağdan oluştuğunu, sıvı yağların ise % 99.9unun doğrudan doğruya yağ olduğun bilinmesi gerekir. Bu demektir ki, zayıflamak için bir diyet uygulanırsa, günde 10-15 gramdan fazla sıvı yağ yenilmemelidir. Bazı sıvı yağlar içerdikleri asitlerin özellikleri sonucu kolesterole karşı koruyucu etkiye sahiptir. Mısır, pamuk, ay çiçeği ve soya yağları gibi.

Meyveler: Temel ilke şu olmalıdır, günde en az bir cins meyve yenilmelidir. Meyveler C vitamini yönünden zengindir. Ayrıca şeker de ihtiva ettiklerini bilerek ölçüsüz miktarda tüketilmemelidir. Özellikle fazla kalorili meyveler daha az tüketilmeli.

Şekerler (glüsidler): Günlük beslenmede fazlasını yer verilmemelidir. Kana çabuk karışan glüsitleri çok tükettiğimiz halde kana yavaş karışan glüsitlerden ve nişastalardan yeterince yememekteyiz. Aslında kana çabuk karışan şekerler organizmada çok hızlı kullanılırlar ve artıkları da hemen yağa dönüp depolanır.

Süt ve süt ürünleri: Yoğurt, süt, peynir gibi süt ürünleri herhangi biri fazla olmamak şartı ile yenilebilir. Hepsi de yararlı protein içerirler. Kalsiyum, A ve D vitaminleri de ihtiva ederler. Yağlı olanlarından kaçınılmalıdır.

Sebzeler: Özellikle taze sebzeler, az kalorili, yağ içermeyen A,B ve C vitaminleri az şeker ve bol lif içerirler. Her zaman tercih edilerek bolca tüketilebilecek gıda maddeleridir. Sebzenin her türünden, en az biri her gün sofrada yer almalıdır. Patates ise nişastadan yana zengin olmasına karşın yağsız pişirmek şartı ile rahatça tüketilebilir. 50 gram ekmek yerine 100 gram patates yenilebilir. Kuru sebzeler yeşil sebzelerden daha fazla şeker ihtiva ettikleri için bunlar ölçülü tüketilmelidir.

Yağlar: Beslenmede yağların ideal oranı % 20-30 civarındadır. Oysa soframızda yağlı peynirlere, yağlı etlere, kızartmalara, tereyağı, sucuk, salam, sosis gibi maddelerde gereğinden fazla yer verdiğimiz içindir ki bu oran % 40'lardan daha fazlaya ulaşmaktadır. Halbuki şişmanlamakta ve damar sertliği oluşumunda yağlar en önde gelirler.

Yumurta: Yumurta protein, A ve B vitaminleri ve mineral yönünden zengin bir besin maddesidir. Bir yumurta günlük demir ihtiyacını % 30unu karşılar. Genelde iyi sindirilen bir besin olmasına rağmen yüksek oranda (272 mg) kolesterol ihtiva etmesi tek olumsuz yönüdür. Bir yumurta 60-80 kalori sağlayabileceği için de önemli bir besin maddesi sayılabilir. Beyazı her gün rahatlıkla yenilebilen yumurta, balık ya da eten yerini de bir ölçüde tutabilir.

Balık: Hayvansal proteinler içinde en kıymetli olanıdır denilebilir. Balık türlerinin pek çoğu özellikle kırmızı ete oranla daha az yağlıdır. Ayrıca fazla miktarda mineral tuzlar, fosfor, magnezyum, bakır, A-B-D vitaminleri ve iyod içerir.

Proteinler: Amino asit yapısındaki bu besin maddeleri organizma için vazgeçilmez besinlerdir. İnsan vücudu proteinleri kendi başına üretemez. Bu nedenle proteinler ancak beslenme yoluyla sağlanabilir. Başlıca protein ancak beslenme yoluyla sağlanabilir. Başlıca protein kaynakları; et, balık, tavuk, yumurta, süt, yoğurt, peynir ve bazı bitkisel ürünlerdir. Kilo vermek durumunda olanlar, şeker ve yağların yerine proteine ağırlık verebilirler. Günlük beslenmede % 10-12 gram olan protein oranı zayıflatıcı bir diyette % 30a kadar yükselebilir.

Tuz: Günlük 3-5 gramı yeterli olan tuz, genellikle 10-12 grama kadar çıkar. Çünkü tuz ayrıca ilave edilmesi dışında pek çok besinde hatta süt gibi hiç umulmayan bir besinde bile bulunur. Diğer taraftan pek çok besin maddeleri tüm şarküteri ürünleri fazla oranda tuz içerirler. Beslenmede fazla tuz, vücutta su toplanmasına, yüksek tansiyona ve damar sertliğine yol açabilir.

Mineral tuzlar: Eğer bir insan hatalı beslenmiyorsa, günlük normal beslenme, ile alınan mineraller, organizma için yeterli orandadır. Pratikte önemli olanlar kalsiyum ve sodyumdur. Sodyum tüm süt ürünlerinde, çok az miktarda da sebzelerde bulunur. Yaşlılıkta ve hamilelikte kalsiyum gereksinimi artar. Bu ihtiyaç günde yarım litre süt, bir miktar beyaz peynir veya yoğurtla karşılanabilir.

Etler: Daha ziyade tavuk ve balık cinsi beyaz etlerin tercih edilmesi uygundur. Çünkü kırmızı et çok fazla doymuş yağ içerir.

BAHARATLAR

Defne yaprağı: Güveç, çorba, soslarda, zeytinyağlılarda, salamura, dolma, börek ve balıklarda kullanılır. Sindirim kolaylaştırıcı ve iştah açıcıdır. Yüksek miktarda kullanılmamalıdır.

Nane: Çikolata yönünden zengin olan soğuk tatlıların yapımında mükemmel bir aroma vericidir. Sindirim kolaylaştırıcıdır. Soğuk algınlığı ve gribe karşı çay gibi demlenerek içilir.

Biberiye: Belleği güçlendirici özelliğe sahiptir. Kan dolaşımını stimule edici, yağ metebolizmasını olumla etkileyicidir. Aynı zamanda şeker düşürücü ve safra kesesi faaliyetlerini arttırıcıdır. Baharat olarak her türlü et, makarna sosu vb. kullanılır.

Mercanköşk: Soğuk algınlığı ve baş ağrılarında, öksürük gibi durumlarda çay gibi demlenerek içilir. Bir kekik türü olarak yemeklerinizde sık sık kullanabilirsiniz.

Fesleğen(reyhan): Sofrada önemli bir yere sahiptir. Fesleğeni yemeklerde kullanırken (tazesi) yağ içinde ezerek veya elle parçalayarak hazırlanmalıdır.

Rezene: Bilinen en eski bitkilerden biridir. Tohumu soslara, ekmeğe, balıklara kullanılır. Tazesini salatalara doğrayabilirsiniz. Çay şeklinde demlenerek içildiğinde gaz giderici ve idrar söktürücü etkiye sahiptir.

Isırgan otu: Mükemmel bir kan temizleyicisi ve toniktir. Karaciğeri kuvvetlendirir. İçeriğindeki serbest formül asitten dolayı romatizmaya karşı etkilidir. Kurutulmuş olan 1 çorba kaşığı ısırgan otu 1 su bardağı kaynar suya konulup 5 dakika demlenip içilir. Bahar aylarında mutlaka taze ısırgan otu kürü yapın. Bağışıklık sistemini uyardığı için hastalıklara karşı direncinizi arttıracak.

Lavanta: Reçellere katıldığında çok hoş bir çeşni verir. Çay olarak demlenip içildiğinde baş ağrısını hafifletir. Uykusuzluk ve strese karşı etkilidir. Bir başka türü olan konabaş lavanta damar tıkanıklığı ve kolesterole karşı kullanılır.

HANGİ VİTAMİN HANGİ GIDADA?

A vitamini: Vücudun gelişmesi, göz sağlığı, solunum sistemi ve sağlıklı bir cilt için gereklidir. Karaciğer, yağsız et, süt, tereyağı, yumurta, yeşil ve sara sebzelerde bulunur.

B vitamini: B-1, B-2, B-6 ve B-12 vitaminlerini içine alan gruptur. İştah, sindirim ve sinir sistemi için gereklidir. B grubu vitaminler; tahıllar, yağsız et, tavuk, ceviz, yumurta, kepek ekmeği ve yağlı tohumlarda bulunur.

B-1 vitamini: Buğday, pirinç, mısır, yulaf, darı, çavdar ve bunlarla yapılan besinlerde, kepek ekmeğinde, mantar ve bira mayasında bulunur.

B-2 vitamini: Süt, peynir, yoğurt ve koyu yeşil yapraklı sebzelerde vardır.

B-6 vitamini: Kümes hayvanları, sığır ve koyun eti, karaciğer, yumurta ve sütte bulunur.

B-12 vitamini: Karaciğer, et ve yumurtada bulunur.

C vitamini: Vücudun direncini artırır, mikrobik hastalıklardan korur, dokuların ve diş etlerinin sağlığı için lazımdır. En çok sigara içenlere gereklidir. Portakal, mandalina, greyfurt, limon, havuç, çilek, kavun, taze kırmızı ve yeşil biber, beyaz ve kırmızı lahana, maydanoz, kuşburnu ve yeşil sebzelerde bulunur.

D vitamini: Kalsiyum ve fosforun emilerek vücuda faydalı bir hale gelmesi, kemiklerin gelişmesi için lazımdır. Balıkyağı, süt ve tereyağında bulunur.

E vitamini: Büyüme ve üreme için gereklidir. Buğday, pirinç, mısır, darı, çavdar, marul, soya, yerfıstığı, kabak çekirdeği, badem, susam, ceviz, zeytinyağı, ayçiçek yağı, mısırözü yağı, pamuk yağı ve yeşil sebzelerde bulunur.

K vitamini: Kanın normal sürede pıhtılaşması için gereklidir. Et, karaciğer, domates, kabak, karnabahar, ıspanak ve diğer yeşil yapraklı sebzelerde vardır.

VÜCUDA GEREKLİ MADENLER

Kalsiyum ve fosfor: Peynir, yumurta sarısı, yağsız et, süt ,yoğurt, lahana, limon, maydanoz, soya, dereotu, badem, tahin ve susamda bulunur. Yiyeceklerin emilerek vücuda yaralı hale gelmesi için ikisi birlikte alınmalıdır. Biri olmazsa diğeri işe yaramaz.

Demir ve bakır: Karaciğer, beyin, yürek, yumurta, et ve balıkta vardır. Sayılan yiyeceklerde ikisi birden bulunur. Kanan oksijen taşıması ve karbonhidratı atması için gereklidir.

İyot: Deniz balıkları, deniz bitkileri, deniz tuzu ve balık yağında bulunur. Vücut ağırlığını sağlayan triod bezi için gereklidir.

Potasyum: Et, balık, muz, greyfurt, portakal, ve patateste bulunur.

Sodyum ve klor: Sofra tuzunda vardır. Hücreler, idrar, ter ve kan için gereklidir. Yemeklerin dışında ayrıca kullanmak gerekmez.

Magnezyum: Kuru fasulye, soya ve yeşil sebzelerde bulunur. Sinir sistemi için gereklidir.

GIDA KALORİ CETVELİ

1 Bardak süt	90 kalori
1 Bardak süt kaymaklı	140 kalori
1 İnce dilim ekmek	70 kalori
2 Adet tuzlu bisküvi	70 kalori
1 Adet yumurta	60 kalori
4 Dilim tatlı	60 kalori
1 Orta boy çiğ patates	115 kalori
1 Küçük boy çiğ patates	90 kalori

1 Kase Çorba İçindeki Çiğ Malzeme

15 gr Buğday unu	70 kalori
15 gr Mercimek unu	70 kalori
15 gr Tarhana	70 kalori
15 gr Şehriye	70 kalori

Çiğ Yiyeceklerde

4 Yemek kaşığı pirinç	140 kalori
4 Yemek kaşığı bulgur	140 kalori
4 Yemek kaşığı makarna	140 kalori
4 Yemek kaşığı kuru fasulye	140 kalori
4 Yemek kaşığı nohut	140 kalori
4 Yemek kaşığı barbunya	140 kalori
1 Su bardağı patlamış mısır	70 kalori

Not: Çiğ olarak kalori değer verilen gıdalar yağda kızartıldıkları zaman ortalama iki misline yakan kalori verecek duruma gelirler.

Çiğ Olmak Üzere

1 Adet köfte	70 kalori
30 gr Pirzola	70 kalori
30 gr Kıyma	70 kalori
30 gr Beyaz peynir	70 kalori
1 Adet sosis	70 kalori
3-4 Parça kuşbaşı et	70 kalori
180 gr Yağsız et	330 kalori
1 Bardak meşrubat	110 kalori
1 Adet hamburger	350 kalori
Yarım tavuk (fırında kızartma)	230 kalori
120 gr Balık	280 kalori
ya da tavuk (yağda kızarmış)	

40 Kalori Olanlar

1 Küçük elma
3 Adet kayısı
1 Küçük muz
1 Adet incir
12 Adet kiraz
14 Adet vişne
1 Orta boy portakal
1 İnce dilim kavun
1 Adet kuru incir
4 Adet kuru erik
5 Adet hurma
1 Çay bardağı vişne suyu
1 Çay bardağı portakal suyu
1 Mandalina

15 Adet taze üzüm
6 Adet yenidünya
5 Adet kırmızı erik
10 Adet yeşil erik
12 Çilek
1 Adet orta boy şeftali
1 Adet orta boy armut, çeyrek ayva, yarım nar
1 İnce dilim karpuz
4 Adet kuru kayısı
1 Yemek kaşığı kuru üzüm

45 Kalori Olanlar

5 Adet zeytin
1 Tatlı kaşığı mayonez
1 Tatlı kaşığı eritilmiş margarin
6 Adet fındık veya fıstık
1 Yemek kaşığı kaymak

65 Kalorili Olanlar

1 Adet küçük domates
4 Adet çarli biber
10 Adet sivri biber
2 Adet yeşil dolma biber
15 Yaprak kıvırcık salata
5 Adet küçük salata
5 Adet orta boy kırmızı turp
1 Tutam maydanoz
4 Adet yeşil soğan
4 Yemek kaşığı pişmiş lahana
4 Yemek kaşığı pişmiş karnabahar
4 Yemek kaşığı pişmiş taze kabak
4 Yemek kaşığı pişmiş patlıcan
4 Yemek kaşığı pişmiş ıspanak
4 Yemek kaşığı pişmiş bamya
4 Yemek kaşığı pişmiş bezelye
4 Yemek kaşığı pişmiş bakla
1 Orta boy havuç